KB169381

제4차 산업혁명 시대의 청소년교육,
마음교육에서 답을 찾다

제4차 산업혁명 시대의 청소년교육, 마음교육에서 답을 찾다

이승연
정재걸
홍승표
백진호
이현지
지음

살림터

"여덟 살짜리 딸아이가 머리가 아프다는 걸 억지로 학교를 보냈지요. 그날 집에서 쉬게 했더라면 딸아이를 그렇게 떠나보내지 않았을지도 모릅니다."

언젠가 우연히 본 TV 다큐에서 한 노인이 읊조린 말이다. 지금 70~80대 이상의 부모라면 누구라도 한 번쯤 아프다는 아이를 억지로 학교에 보낸 기억이 있을 것이다. 아무리 아프다고 해도 아이를 학교에 보내는 것이 최선이라 여겼던 시대였고, 학교에 보내기만 하면 어떻게든 살아갈 수 있을 것이라 믿었던 시대였다.

1980년대까지는 산업체 학교라는 것이 있었다. 주로 대구나 부산 등지의 방직공장들이 운영하는 야간학교였다. 임금도 낮고 근무환경도 열악했지만, 가정형편이 어려워 고등학교를 진학하지 못하는 아이들은 그래도 산업체 학교를 고집하곤 했다. 야간학교지만 어쨌든 학교에 갈 수 있다는 것, 그것이 그 애들에게는 무엇보다 중요했기 때문이다.

그런데 1980년대 출생자가 초등학교 학부모가 된 지금, 더 이상 학교는 꼭 가야 하는 곳이 아니다. 경제성장의 열매를 먹으며 성장한

2020년의 학부모들은 고학력을 바탕으로 학교 운영에 적극적으로 개입하는가 하면, 사교육에 막대한 비용을 투자하며 아이들의 미래를 직접 설계하려 한다. 그들에게 학교는 유일한 배움터도 아닐뿐더러 미래를 보장해 주는 곳은 더더욱 아니다. 그래서 그들은 정부에 '돌봄'을 요구하고 무상교육의 확대를 주장하면서도, 체험학습이라는 이름으로 학교 수업을 빠지고 가족여행을 떠나기도 한다. 그것은 분명히 전 세대의 부모들과는 확연히 구분되는 인식의 변화이다.

무엇이 학교에 대한 사람들의 인식을 변화시켰을까? 맞춤형으로 진화하는 사교육 시장 때문일까? 혹은 교사보다 높은 학력과 인맥을 자랑하며, 자신이 아이에게 더 많은 기회를 제공할 수 있을 것이라는 자신감 때문일까? 그러나 사교육 시장이 부모의 불안을 먹으며 성장했다는 사실은 2020년대 부모가 그 이전의 부모 세대에 비해 결코 낙관적이지 않음을 말해 준다. 아니, 어쩌면 훨씬 더 비관적이며, 더 불안할지도 모른다.

곳곳에 설치된 키오스크(kiosk), 인공지능 로봇, 현실로 다가오는 자율주행차…. 어느 틈엔가 로봇이 사람을 대신하고 있다. 실업이 일상이 되고, 취준생, 고시원 같은 말들이 유행어처럼 떠돌고 있다. 자살률이 치솟고 분노가 영글어 가는데, 다른 한편에서는 앱 하나를 개발해 몇 조 원을 벌었다는 이야기가 들리고, 온라인에서 히트한 상품은 순식간에 가난한 대학생을 부자로 만들어 주기도 한다. 노력과 무관한 성공과 실패, 그래서 반짝이는 아이디어가 선망의 대상이 되는 시대에 학교는 더 이상 설 곳이 없다.

그래서인지도 모른다. 한 신문사가 초등학교 학부모를 대상으로 실시한 설문조사 결과에 따르면, 최근의 젊은 학부모들은 학교의 주된 역할을 공부보다는 인성 지도나 공동체 생활로 보았고, 학교생활에서 가장 기대하는 것 또한 창의성을 기르고 잠재력이나 재능을 발견하는 일이라고 한다. 저학년의 교과 지도라면 가정에서도 할 수 있을 것이라 생각하기 때문이겠지만, 그보다는 제4차 산업혁명이라는 거대한 시대의 변화를 그들 또한 막연하게나마 인지하게 되었던 것이 아닐까?

상상이 현실이 되는 시대가 되었다. 전신마비 장애인이 걸을 수 있고, 인공 장기가 개발되고 있으며, 하늘을 나는 자동차, 인간 대신 전쟁을 수행하는 드론 등 영화에서나 보았던 것이 우리 삶 속에 속속 얼굴을 내밀고 있다. 그렇다면 쓰레기로 아이스크림을 만들고, 약 한 알로 한 달간의 식사를 대용할 수 있으며, 인공 장기와 인공 피부로 만들어진 사이보그 인간의 출현도 그리 먼 미래의 일이 아닐지도 모른다.

이처럼 엄청난 시대에 전통적인 지식교육이 무슨 의미가 있겠는가? 과거 우리 삶을 풍요롭게 할 유일한 수단이라 여겼던 지식은 이미 사물인터넷을 통해 내 손안에 들어와 있다. 하지만 그렇기 때문에 학부모의 바람처럼 학교가 인성교육에 주력해야 한다면, 그때 인성교육이란 구체적으로 무엇을 어떻게 해야 하는 것일까?

인성교육은 전통적인 학교에서도 학교가 수행해야 할 가장 중요한 역할 가운데 하나였다. 말썽을 부리는 아이의 손을 잡고 교무실 문턱을 넘은 학부모가 교사에게 머리를 조아리며 했던 말은 언제나 '사람을 만들어 달라'는 것이었다. 사람다운 사람이 되도록 하는 것, 그것이 바로 인성교육이다. 그런데 '사람다운 사람'이란 무엇인지, 또 어떻게 하면 사람다운 사람이 되는 것인지, 늘 그것이 문제였다.

이 책은 인성교육을 강조하거나 그 방법을 다룬 책은 아니다. 이제 아이들의 귀에조차 낯설지 않은 제4차 산업혁명, 아이들은 그것이 무엇인지 정확히 인지하지도 못한 채, 인공지능 로봇에게 자신들의 일자리를 빼앗길까 두려워하고, 그것이 그들의 안락한 삶을 방해할까 불안해한다. 방과후 시간에 3D프린터나 코딩을 신청하기도 하고, 동아리 활동으로 드론반을 선택하면서, 아이들은 어쨌든 앞으로도 쓸모 있는 사람이 되기 위해 애쓰고 있다. 이 아이들에게 '사람다운 사람', '인간다운 삶'을 가르치는 것은 어쩌면 폭력인지도 모른다.

그렇다. 이 책은 인성교육을 말하기에 앞서, 아이들이 직면한 깊은 불안, 분노, 아픔…. 그 부정적인 감정의 근원을 밝히고, 그 부정적인 감정들을 사랑하는 방법을 말하려 한다. 자신의 깊은 절망을 마음으로부터 받아들일 수 있을 때, 그때야말로 새로운 희망이 움트는 게 아닐까? 학교의 인성교육 전반을 되돌아보면서 우리 아이들이 불안을 극복하고 새로운 시대를 살아갈 수 있도록 도와주는 것, 그것이 이 책의 목적이며, 그것이 앞으로 학교가 할 일이라 생각한다.

인간의 힘으로는 제어할 수 없는, 과학기술의 자기 혁신이 인간에게 어떤 미래를 가져다줄지는 알 수 없다. 그러나 분명한 것은 우리는 오랫동안 어두운 터널을 지나가야 한다는 것이다. 이 책이 그 어두운 터널에서 좋은 안내자가 되기를 희망한다.

제1부
제4차 산업혁명 시대에는 어떤 교육이 필요할까

1. 제4차 산업혁명과 현대 교육 시스템의 붕괴

2. 제4차 산업혁명과 현대 청소년교육 패러다임 비판

3. 한국 전통 사상과 새로운 청소년교육에 대한 비전

4. 새로운 청소년 마음교육에 대한 비전

제2부

우리는 무엇을 가르쳐야 할까

제1장 청소년은 제4차 산업혁명 시대를 어떻게 생각할까

부록:

청소년 마음교육 프로그램 개발 사례

제1부

제4차 산업혁명 시대에는
어떤 교육이 필요할까

1. 제4차 산업혁명과 현대 교육 시스템의 붕괴

제4차 산업혁명의 발발과 가속화

2016년 세계경제포럼(WEF, World Economic Forum)에서 K. 슈밥(Klaus Schwab) 회장은 "제4차 산업혁명은 모든 것이 연결되고 보다 지능적인 사회로의 진화를 의미한다"(Schwab, 2016)라고 말하면서, '제4차 산업혁명'이라는 다가오는 산업혁신을 새 시대의 화두로 제시했고, 이는 향후 급진적인 사회 대변혁을 예고하고 있다. 인공지능의 발달을 필두로 해서 나노기술, 유전공학, 사물인터넷, 클라우드 컴퓨팅, 플랫폼 혁명, 가상현실, 4D 프린터, 특이점(singularity) 등의 키워드로 대변될 수 있는 제4차 산업혁명은 이미 시작되었다. 그리고 R. 커즈와일(Ray Kurzweil)이 제시한 수확가속의 법칙에 따라 기술 변화의 속도는 가파르게 빨라지고 있다(사이토 가즈노리, 2017). 수확가속의 법칙이란 기술 발전이 직선적인 형태로 이루어지는 것이 아니고 기하급수적인 형태로 진행되기 때문에 시간이 갈수록 기술 발전의 속도는 가속화됨을 의미한다.

제4차 산업혁명과 현대 사회 시스템의 붕괴

제4차 산업혁명의 발발로 인해 모든 현대 사회 시스템들은 붕괴 과정에 돌입했다. 이것은 과거 산업혁명이 모든 전현대 사회 시스템들을 붕괴시켰던 것과 동일한 이치다. 현대 교육 시스템도 마찬가지다.

18세기 중엽 영국에서 시작된 산업혁명은 현대 이전의 모든 사회 시스템들의 붕괴를 초래했다. 교육 시스템도 마찬가지였다. 전현대의 사회 시스템들은 농경이라는 기술적 하부구조에 바탕을 두고 있었다. 그러나 산업혁명은 산업화를 일으켰고, 산업화는 도시화를 수반했다. 그러므로 농경사회라고 지칭되는 전현대 사회 시스템은 붕괴될 수밖에 없었다.

대가족제도와 공동체의 붕괴는 전형적인 사례이다. 사회 이동이 빈번해지는 산업사회에서 대가족제도는 유지될 수 없었다. 농촌에 터를 둔 공동체 역시 도시 중심의 산업사회에서 약화·붕괴의 길을 걸어갈 수밖에 없었다.

산업혁명과 전현대 교육 시스템의 붕괴

교육 역시 마찬가지였다. 소수 지배계급을 제외하면, 전현대 사회에서 교육은 가족과 마을 속에서 이루어졌다. 농사짓는 법에 대한 교육, 요리와 바느질 그리고 길쌈 교육, 바람직한 행동거지와 인간관계를 맺는 방법 등에 대한 교육, 가치관 등을 교육받았을 것이다.

그러나 산업혁명의 결과로 농업에 기반을 둔 공동체가 해체되었고, 전현대 교육은 더 이상 사회가 요구하는 사람을 양성할 수 없었다. 이에 따라서, 전현대 교육은 급격히 약화되고, 도시적인 기반 위에서 현대 교육이 발전했다.

역사상 최초로 대중이 학교교육을 받을 수 있게 되었다. 현대 교육은 현대 사회에 필요한 인재 배양을 목표로 했다. 이성적으로 의사 판단을 할 수 있는 시민교육, 사회가 필요로 하는 노동자를 키워 내는 직업교육, 각자의 개성을 계발하고, 감성을 키우는 교육 등이 행해졌다.

제4차 산업혁명과 현대 교육 시스템의 붕괴

지금 제4차 산업혁명이 일어나고 있고, 현대 사회를 지탱하고 있던 모든 사회 시스템들이 붕괴하고 있다. 현대 자본주의체제가 혼란에 빠져들고 있고, 현대 국가와 현대 가족도 붕괴 위험 앞에 직면해 있다.

현대 교육도 마찬가지 상황이다. 교실 붕괴라는 말이 회자된 지는 오래되었다. 학교 건물은 번듯하지만, 가르치는 선생님도 배우는 학생도 열의가 없다. 사명감이나 배움에 대한 가슴 벅찬 기대는 찾아보기 힘들다. 전현대 말 교육이 그러했듯이, 현재의 학교는 새 시대가 필요로 하는 것을 교육하지 않기 때문이다.

모든 사회제도는 그 제도를 통해 사회 구성원들의 인간다운 삶을 가능하게 하기 위해 만들어지고 유지된다. 그러므로 어떤 사회제도이든 시대의 요구와 인간다운 삶의 증진에 기여하지 못한다면 붕괴될 수밖에 없다. 오늘날 모든 사회제도가 처한 상황이 이와 같다. 교육제도도 마찬가지다.

인공지능 기술을 필두로 하는 신기술혁명은 생산 자동화를 촉진시키며, 인공지능 로봇은 인간이 행하는 모든 노동을 대체해 나갈 것이다. J. 리프킨(Jeremy Rifkin)은 이미 1995년에 『노동의 종말』을 출판했다. 이 세상은 더 이상 인간 노동이 필요 없는 세계로 나아가고 있다 (Rifkin, 1996).

오늘날 대학은 점점 더 노동자 육성에 매달려서 취업준비소와 같은 곳으로 변모해 가고 있다. 이는 마치 19세기 말 조선 사회에서 과거시험은 폐지될 상황에 처했는데, 성균관을 위시한 교육기관에서는 과거시험 공부에 더욱 매달리는 것과 동일한 상황이다. 이렇게 교육기관이 시대와 맞서 싸운다면, 결국 그 교육기관은 붕괴될 수밖에 없다. 결국 성균관이 문을 닫았듯이, 대학도 문을 닫게 될 것이다.

현대 교육 시스템의 붕괴는 물론 대학에 한정되는 것이 아니다. 성균관뿐만 아니라 향교, 서원, 서당 등 모든 조선시대의 교육기관이 문을 닫았듯이, 현재의 초·중·고등학교 모두 문을 닫게 될 것이다. 이미 학생들은 선생님을 존경하지 않는다. 학부형이나 학생들이 교사에게 폭언이나 폭행을 하는 사건들이 빈발하고 있다. 내적으로 보면, 교육 붕괴는 빠른 속도로 진행되고 있다. 근본적인 의미에서 보면, 지금의 학교에서 가르치는 지식은 정보사회에서 별 가치를 갖지 못하며, '참나의 각성'이라는 새 시대가 요구하는 교육을 학교가 전혀 충족시켜 주지 못하기 때문이다. '참나'란 '온 우주를 자신 안에 내장하고 있는 존재로서의 인간', 즉 탈현대 인간관의 관점에서 인식되는 인간을 의미한다(von Franz, 1983; Tolle, 2008a, 2008b; 홍승표, 2011a, 2011b).

그런데 전현대 교육의 붕괴가 교육의 붕괴가 아니었듯이, 현대 교육의 붕괴가 교육의 붕괴가 아님을 인식하는 것이 중요하다. 작금에 일어나고 있는 현대 교육의 붕괴는 단지 시대의 요구에 부응하지 못하는 낡은 교육의 붕괴일 따름이다. 현대 교육이 붕괴된 그 자리에 탈현대의 새로운 교육이 수립될 것이다.

2. 제4차 산업혁명과 현대 청소년교육 패러다임 비판

시대에 뒤처진 청소년교육

인공지능의 발달을 필두로 하는 제4차 산업혁명이 빠른 속도로 일어나고 있고, 이에 따라서 다른 모든 현대 사회 시스템들과 마찬가지로 현대 교육 시스템도 붕괴하고 있다. 하지만 문제는 현대 교육 시스템의 붕괴 자체가 아니라 현대 교육 시스템의 붕괴를 문제시하는 것이다. 현대 교육 시스템의 붕괴를 문제시하게 되면, 필연적으로 이를 복구하고자 하는 노력을 기울이게 된다. 이것은 결과적으로 탈현대 교육 시스템의 출현을 지연시키게 된다.

청소년교육의 경우 이 문제가 심각하다. 왜냐하면 지금 청소년들의 교육 기간이 끝날 무렵에는 현대 사회의 붕괴가 지금보다 더 심화되어 있을 것이기 때문이다. 이는 과거시험 폐지가 눈앞에 다가왔는데도 과거시험 공부를 하는 조선시대 말 유생의 상황과 흡사하다.

신기술혁명기 이로 인한 사회 변동 속도는 어지러울 만큼 빨라지고 있다. 10년 후의 세상은 현재의 세상과는 판연히 달라져 있을 것이다. 그런데 청소년교육이 빠른 속도로 무너져 내리고 있는 현대 사회가 필요로 하는 인재 배양에 매진한다면, 이것은 심각한 문제이다. 그리고 이런 심각한 문제가 현재 청소년교육 현장에서 발생하고 있다.

제4차 산업혁명과 파괴적인 대응의 위험

19세기, 한국과 일본은 유사한 상황에 직면했고, 상반된 방식으로 대응했다. 일본은 서구의 과학 문물과 사상을 적극적으로 받아들이면서 미래지향적으로 대응했다. 한국은 대원군을 중심으로 쇄국정책을 실시했고, 무너져 내리는 조선 유교 사회를 복구하고자 했다. 결과적으로 한국은 일본의 식민지가 되었고, 조선 유교 사회는 송두리째 파괴되었다.

현 인류는 19세기의 한국과 일본이 처했던 것과 유사한 상황에 직면해 있다. 19세기 한국의 잘못된 대응은 현대화가 늦어지고, 한국이 일본의 식민지로 전락하는 것에 그쳤다. 그러나 현재의 도전은 전 지구적인 차원이고, 그 영향도 엄청나다.

만일 현 상황에 창조적인 대응을 한다면, 인류는 상상하기 힘들 정도로 놀랍고 아름다운 문명에 도달할 것이다. 하지만 잘못된 대응을 한다면, 인류는 천길만길 낭떠러지에서 떨어지게 될 것이고, 인류뿐만 아니라 지구상의 모든 생명체들이 죽음을 맞이하게 될지도 모른다.

제4차 산업혁명과 파괴적인 대응의 의미

그렇다면 현시점에서 창조적인 대응이란 무엇이고, 파괴적인 대응은 무엇일까? 이 질문에 답하기 전에 지금 지구상에서 일어나고 있는 일은 무엇일까? 하나의 사실은 인공지능 기술의 발달을 중심으로 하는 제4차 산업혁명이 일어나고 있다는 것이다. 이것은 과거 산업혁명과 마찬가지로 불가역적일 뿐만 아니라 가속화되는 경향이 있다. 또 하나의 사실은 과거 산업혁명이 전현대 사회 시스템들을 붕괴시켰듯이, 제4차 산업혁명은 현대 사회 시스템들을 붕괴시키고 있다는 것이다.

이런 상황에서 파괴적인 대응이란 19세기 유교 사회를 부흥시키려고 했던 노력과 마찬가지로 무너져 내리는 현대 사회 시스템들을 복구하고자 노력하는 것이다. 창조적인 대응이란 현대 사회 시스템들이 무너진 그 자리에 탈현대적인 삶과 사회를 구축하기 위한 노력을 기울이는 것이다.

현재 인류가 기울이고 있는 노력은 어떤 것인가? 파괴적인 노력이다. 현재 인류는 무너져 내리는 자본주의체제를 복구하는 데 전력을 기울이고 있다. 미래의 눈으로 보면, 자본주의체제란 정말 야만적이며 사라져야만 하는 괴물과 같은 현대 시스템이다. 그런데 현 인류는 자본주의체제가 무너지면 세상이 무너지기라도 하는 듯 한사코 시스템의 복구를 위해 노력하고 있다.

현대 세계관에의 고착과 낙후된 청소년교육

왜 그런 것일까? 그 이유는 현 인류가 현대 세계관에 고착되어 있기 때문이다. 현대 세계관이란 '모든 존재들 간의 근원적인 분리'라는 가정 아래 세계를 바라보는 관점이다. 분명한 것은 현대 세계관은 현대라는 특정 시대에 유효성을 갖는 하나의 세계관일 뿐이라는 점이다. 현대 세계관은 현대가 흥기하던 시점에서 인간다운 삶과 사회 발전에 큰 기여를 했지만, 현대 말이자 탈현대 초에 해당하는 현시점에선 시대에 뒤떨어진 낡은 세계관임과 동시에 시급히 청산되어야 할 하나의 세계관에 불과한 것이다.

하지만 조선 말 사람들이 유교 세계관에 고착되어 있었던 것과 마찬가지로 현 인류는 현대 세계관에 고착되어 있다. 그 결과, 현 사회에는 상황에 대한 파괴적인 대응이 범람하고, 문명 위기가 고조되고 있다(홍승표, 2011a). 그렇다면 현 상황에 대한 창조적인 대응을 위해 우린 무엇을 해야 할 것인가? 현대 세계관으로부터 탈현대 세계관으로 세계관의 전환을 이루어야만 한다. 이것이 현 인류가 해야 할 가장 시급한 과제이다.

그렇다면 어떻게 세계관의 전환을 이루어야 할 것인가? 사회의 어떤 영역이 그것을 주도적으로 담당해야 할 것인가? 바로 교육의 영역이다. 그중에서도 세계관이 형성되는 시기인 청소년교육이 가장 중요하다.

현실을 돌아보면, 오늘날 청소년교육은 현대 세계관에 기초해 있다. 그리하여 청소년교육은 낡은 사회를 재생산하는 데 기여하는 낡은 사회 시스템의 일부일 뿐이다. 이것이 바로 현대 청소년교육 문제의 본질이다. 그리고 이것이 왜 청소년교육 패러다임의 변화가 일어나야만 하는지 그 이유이다.

3. 한국 전통 사상과 새로운 청소년교육에 대한 비전

마음교육은 새로운 청소년교육의 비전

현재 청소년교육의 본질은 무엇인가? 그것은 현대 인간관에 바탕을 두고 있다. 현대 인간관의 가장 강력한 두 가지 양상은 '이성적인 존재로서의 인간'과 '욕망을 추구하는 존재로서의 인간'이다. 그래서 현재 청소년교육이 목표하는 것은 '청소년들의 이성을 계발해서 자신의 욕망을 충족시킬 수 있는 사람으로 키워 가는 것'이라고 할 수 있다.

현대 사회에서 인간다운 삶을 사는 사람이라고 간주되는 이는 성공과 승리의 사다리를 더 높이 올라간 사람이다. 그래서 욕망 충족적인 삶을 살아가는 사람이다. 청소년교육의 목표도 이런 의미에서 인간다운 삶을 살 수 있는 사람을 양육하는 것이다.

왜 현대는 이런 사람을 인간다운 사람이라고 간주할까? 그것은 현대가 인간을 시공간 속에서 닫혀 있는 분리된 개체[에고]라고 간주하기 때문이다. 그래서 에고를 더 크게 만드는 것이 현대적인 삶의 주제가 되고, 에고를 더 크게 만든 사람을 인간다운 인간으로 간주하는 것이다. 그래서 현대 청소년교육의 목표는 '에고를 더 크게 만드는 것'에서 벗어날 수가 없다.

그런데 에고를 더 크게 만든 사람이 과연 더 인간다운 사람일까? 탈현대적인 관점에서 보면, 이것은 어처구니가 없는 이야기다. 또한 우리가 살아가고 있고 살아가야 할 새 시대는 이런 사람을 필요로 하지 않는다. 현대 청소년교육은 인간답지도 않고 사회가 필요로 하지도 않는 사람을 양성하는 데 진력하고 있다. 이것이 현대 청소년교육 소외의 본질이다.

그렇다면 현대로부터 탈현대로의 전환을 이루어 내야만 하는 현시점에, 인간다운 인간의 의미는 무엇인가? 이 시대가 필요로 하는 인간형은 어떤 것인가? 두 질문에 대한 답은 하나이다. '참나'를 자각해서, '참나'가 나의 주체가 된 사람. 부연하자면, 에고의 감옥에서 벗어나 '참나'가 된 사람. 그래서 사랑할 수 있고, 겸손할 수 있으며, 감사할 수 있고, 용서할 수 있으며, 존경할 수 있고, 아름답게 미소 지을 수 있는 사람. 이것이 새 시대의 인간다운 인간의 모습이다.

그렇다면 새 시대를 살아가야 할 청소년들에게 행해지는 교육의 목표는 무엇이어야 할까? '참나'를 자각해서, '참나'의 존재가 될 수 있도록 도움을 주는 것. 이것이 바로 청소년 마음교육이다. 그리고 마음교육이 바로 새로운 청소년교육에 대한 비전이다.

제4차 산업혁명이 발발해서 급변하는 사회에서 새로운 청소년교육에 대한 비전을 모색하는 과정에서 필자들이 동양사상을 강조하는 이유가 바로 이것이다(이승연, 2017: 207). 동양사상은 마음교육에 대한 오랜 역사와 풍부한 경험을 갖고 있기 때문이다. 그렇다면 청소년 마음교육의 실제가 어떤 것일지에 대해 시론적인 서술을 해 보겠다.

나의 에고의 자각과 사랑의 알통 키우기 연습

이것은 나를 사랑하는 연습을 통해 모든 청소년에 내재해 있는 '참나'를 깨어나게 하기 위한 교육이다.

에고의 자각 능력을 배양하는 교육

에고의 자각은 에고로부터의 자유를 얻기 위한 첫 단계이다. 에고의 자각이란 에고로서의 내 안에서 일어나는 감정, 생각, 욕망 등을 자각하는 것이다. 예를 들어, '화가 났다'라고 했을 때, '내 마음속에 화가 일어났구나.' 하고 알아채는 것이 자각이다. 만일 하고자 한다면 에고의 감정, 생각, 욕망을 자각하는 것은 쉽다. 자각은 에고의 감정, 생각, 욕망과 '나' 사이에 공간을 만들어 낸다. 생겨난 공간만큼, 나는 에고의 감정, 생각, 욕망으로부터 자유로워진다. 화를 자각하면, 화는 여전히 내 안에 있지만, 화는 자각 이전처럼 나에게 횡포한 힘을 휘두르지 못하게 된다. 새로운 청소년교육에서는 에고의 감정, 생각, 욕망을 자각하는 능력을 교육하게 될 것이다.

자각된 에고를 사랑하는 능력을 배양하는 교육

반갑게 맞아들이기 연습: 어떤 감정, 생각, 욕망에 대해서도 그것을 자각한 순간, 반갑게 맞아들일 수 있는 능력을 배양하는 것이다. 예를 들어, 내 마음속에 일어난 화를 자각했다고 하자. 이때, '어서 와! 화야!'라고 하면서 화를 반갑게 맞아들이는 것이 반갑게 맞아들이기 연습이다. 반갑게 맞아들이는 순간 에고의 감정, 생각, 욕망은 에너지를 상당히 잃어버린다.

용서하는 연습: 어떤 감정, 생각, 욕망이 내 마음속에 떠올랐건, 나는 그것을 떠올리고 싶어서 떠올린 것이 아님을 안다. 그러므로 나는 내 마음속에 떠오른 감정, 생각, 욕망을 용서한다. 용서받는 순간, 그 감정, 생각, 욕망은 에너지를 많이 잃어버린다.

따뜻하게 품어 주기 연습: 자각된 감정, 생각, 욕망은 깊이 들여다보면 모두 가없다. 나는 나의 감정, 생각, 욕망이 나의 상처임을 안다. 그래서 나는 나의 감정, 생각, 욕망에 대해 아름답게 미소 지어 주고, 따뜻하게 품어 준다. 나의 사랑을 받은 감정, 생각, 욕망은 내 품 안에서 녹아 버린다.

너의 에고의 자각과 사랑의 알통 키우기 연습

위에서 서술한 나의 에고에 대한 자각과 사랑의 알통 키우기 연습이 어느 정도 진행되면, 학생들에게는 사랑할 수 있는 능력이 조금 생겨난다. 그러면 너의 에고의 자각과 사랑의 알통 키우기 교육을 수행한다.

너의 에고의 자각 능력을 배양하는 교육 :
나의 에고를 자각하는 연습이 상당히 진행되고 나면, 나는 나의 에고의 감정, 생각, 욕망 등이 '진짜 나'가 아니라 나의 에고일 뿐임을 알게 된다. 이것을 알게 되면, 너의 에고의 감정, 생각, 욕망 등도 '진짜 너'가 아니라 너의 에고일 뿐임을 알게 된다. 상대편의 에고를 상대편으로 착각하지 않고, 그것이 상대편의 에고일 뿐임을 아는 것, 이것이 너의 에고에 대한 자각이다. 그리고 이런 자각 능력을 키우는 것이 새로운 청소년교육의 한 부분이다.

자각된 너의 에고를 사랑하는 능력을 배양하는 교육 :
깊은 이해와 용서의 연습: 너를 깊이 바라보면, 너의 감정, 생각, 욕망은 네가 그것을 떠올리고 싶어서 떠올린 것이 아님을 안다. 그러므로 나는 네 마음속에 떠오른 감정, 생각, 욕망을 용서한다. 용서는 너에 대한 나의 사랑이다.

따뜻하게 품어 주기 연습: 너의 감정, 생각, 욕망을 깊이 들여다보면 모두 가엾다. 나는 너의 감정, 생각, 욕망이 너의 상처임을 안다. 그래서 나는 너의 감정, 생각, 욕망에 대해 아름답게 미소 지어 주고, 따뜻하게 품어 준다. 이것이 나의 너에 대한 사랑이다.

나쁜 상황을 만났을 때의 사랑의 알통 키우기 연습

여기서 나쁜 상황이란 에고에게 나쁜 상황이다. '참나'는 훼손될 수 없는 것이기에, '참나'에게는 나쁜 상황이 없다. 나쁜 상황이란 에고가 훼손되는 경험을 하는 상황을 말한다. 에고의 훼손은 '참나'가 깨어날 수 있는 좋은 기회가 된다. 에고가 훼손되는 나쁜 상황과의 마주침을 '참나'가 깨어나는 계기로 활용하는 것, 이것이 나쁜 상황과 마주쳤을 때의 사랑의 알통 키우기 연습이다. 이것은 청소년 마음교육의 중요한 일부이다. 청소년에게 일어날 수 있는 몇 가지 나쁜 상황을 대상으로 청소년 마음교육을 서술해 보겠다.

집단따돌림을 당함

내가 집단따돌림의 대상이 되었을 때 청소년의 에고는 크게 손상을 입을 수 있다. 이때 사랑의 알통 키우기 연습이란 어떻게 하는 것일까? 집단따돌림으로 인해 고통받고 있는 나를 정성껏 보살펴 주는 것이다. 집단따돌림을 하는 아이들은 나를 한심하고 보잘것없는 아이로 바라보고 그렇게 취급한다. 나는 그 아이들이 나를 바라보는 시선을 거부한다. '나는 결코 한심하거나 보잘것없는 아이가 아니다!'라고 거듭거듭 되새긴다. 그리고 집단따돌림을 당해 고통받고 있는 나를 따뜻하게 품어 주고, 나에게 '파이팅!'이라고 말하며 격려해 준다. 이것이 나를 사랑하는 것이다. 이 과정이 계속되면, 나에게는 사랑할 수 있는 능력이 커진다. 사랑의 능력이 커질수록, 나에게 고통을 주었던 상대가 점점 작아 보이고, 가엾어 보인다. 그들 역시 사실은 깊은 상처를 안고 있는 가엾은 사람이라는 것을 알게 된다. 이런 깊은 이해가 생겨나면 나는 그들을 용서할 수 있게 되며, 용서하는 순간, 나는 집단따돌림으로부터의 자유를 얻게 된다. 교사는 학생들이 이런 과정을 거쳐 사랑의 능력을 키울 수 있도록 도움을 준다.

가난한 집안 사정

자본주의사회에서 집이 가난하다는 것은 큰 상처가 된다. F. M. 도스토옙스키(Fyodor Mikhailovich Dostoevskii, 1821~1881)는 『카라마조프가의 형제들』에서 "가난한 집 아이들은 여섯 살만 되면 정의가 무엇인지 알게 된다"(Dostoevskii, 2018)라고 말했다. 가난한 집 아이들은 어려서부터 무시당하고, 모욕을 받는 경험을 많이 한다. 이것은 에고가 훼손되는 경험이기 때문에 청소년 마음교육을 위한 좋은 계기를 제공한다.

이때 마음교육의 핵심은 무시당하고 모욕을 받아서 고통스러운 자신을 돌봐 주는 것이다. 자신에게 위로와 격려의 말을 전하는 것이 그것이다. 또한 학생에게 힘이 있는 경우에는 상처받아 무너져 내리는 에고를 복구하고자 노력하지 말고 그냥 지켜보도록 하는 것도 좋은 연습이 된다(Tolle, 2008b: 253). 만일 이 연습이 성공적으로 진행되어, 마침내 자신을 무시하고 모욕하는 그 사람이 대단한 사람이 아니고 무력감에 빠져 있는 가엾은 사람임을 알게 된다면, 그 학생은 무시당하는 고통이 없는 멋진 세계로 나아갈 수 있다.

부모님의 불화

부모님의 불화가 심한 가정에서 성장한 청소년들은 고통을 겪는다. 이런 학생들에게 어떤 마음교육이 가능할까? 우선 고통받고 있는 자신을 돌봐 주어야 한다. 예를 들어, 부모의 불화로 인해 학업에 집중할 수가 없어서 성적이 떨어졌다고 하자. 이럴 때 자신을 비난해서는 안 된다. 자신은 주어진 상황에서 언제나 최선을 다하고 있음을 알아야 한다. 부모의 불화로 인해 고통스럽지만, 그런 가운데서도 최선을 다하고 있는 자신을 향해 위로와 격려를 해 주어야 한다. 자신을 향한 위로와 격려가 자신을 사랑하는 것이며, 이런 노력이 계속되면 사랑할 수 있는 능력이 커진다. 사랑의 능력이 커진 만큼 이 학생은 자신을 가엾게 바라볼 수 있게 되고, 자신을 가엾게 바라볼 수 있는 만큼 불화하고 있는 부모님을 가엾게 바라볼 수 있게 된다. 만일 부모님을 가엾이 여길 수 있게 된다면, 그는 부모님의 불화로 인해 예전보다 고통을 덜 받게 된다.

여러 가지 사랑의 알통 키우기 연습

'참나'란 '사랑할 수 있는 나'이며, 사랑은 '참나'의 활동이다. 사랑은 다양한 형태로 표출된다. 관심, 감사, 존경, 용서, 웃음, 겸손 등은 모두 사랑이 표현이다. 우리가 관심을 가질 수 있는 능력, 감사할 수 있는 능력, 존경할 수 있는 능력, 용서할 수 있는 능력, 아름답게 미소 지을 수 있는 능력, 겸손할 수 있는 능력을 키우게 되면, 우리의 '참나'는 깨어나 활동할 수 있게 된다.

관심을 가질 수 있는 능력을 키우는 연습

에고는 본질적으로 무관심하다. 에고가 무엇인가에 관심을 갖는 것은 그것이 자신의 욕망을 충족시키는 데 의미가 있을 때뿐이다. 에고는 상대편에게 무관심할 뿐만 아니라 자신에게도 무관심하다. 관심을 가질 수 있는 능력을 키우는 방법은 간단하다. 생각날 때마다 '나는 지금 잘 지내고 있나?' 또는 '너는 지금 잘 지내고 있나?'라고 물어보는 것이다. 이 질문은 반드시 나와 너에 대한 사랑의 출발점이 된다. 이것은 청소년 마음교육에서 쉽게 활용할 수 있는 효과적인 방법이다.

감사할 수 있는 능력을 키우는 연습

에고는 불평불만을 찾아내는 데는 명수이지만, 감사할 수 있는 능력이 없다. 특히 특별하지 않은 것에 대해서는 감사하지 못한다. 감사 연습은 청소년들이 평소 감사하지 않던 것에 대해 감사를 느끼는 연습을 하는 것이다. 예컨대, 아침에 눈을 떴을 때 '새롭게 주어진 하루'라는 멋진 선물에 감사를 느낀다. 음식물을 잘 소화시켜 주는 위장에 감사함을 느낀다. 아름다운 음악을 들을 수 있음에 감사함을 느낀다. 등굣길에 버스 운전을 해 주시는 기사님께 감사함을 느낀다. 감사함을 느끼는 연습이 거듭될수록, 우린 예전엔 감사할 수 없었던 것들에 대해 감사할 수 있게 된다. 감사할 수 있는 능력이 커질수록, 청소년 자신도 행복해지고, 감사를 받는 상대편도 행복해진다.

존경할 수 있는 능력을 키우는 연습

오늘날 청소년들은 에고가 주체가 된 삶을 살고 있기 때문에 존경하는 사람이 없다. 에고에게는 존경할 수 있는 능력이 없기 때문이다. 에고가 존경할 수 없는 대상, 하찮게 여기는 대상을 존경하는 연습을 하는 것은 좋은 청소년 마음교육이 된다. 예컨대, 현대 사회에서 노인들은 하찮은 존재로 취급되기 일쑤인데, 청소년들이 자신의 할머니와 할아버지를 존경하는 연습을 하는 것은 좋은 연습이 된다. 청소년들이 할머니와 할아버지의 삶을 깊이 들여다보면, 할머니와 할아버지가 삶의 영웅임을 반드시 발견하게 될 것이다. 그리고 할머니와 할아버지에 대한 깊은 존경심을 갖게 될 것이다. 이것은 청소년 자신에게도 할머니와 할아버지에게도 멋진 일이 된다.

용서할 수 있는 능력을 키우는 연습

에고는 용서할 수 없다. 그래서 현대인은 자신이건 상대편에 대해서건 너그럽지 않다. 청소년도 마찬가지다. 용서의 연습은 용서의 대상이 되는 자신이나 상대편을 깊이 들여다보는 것에서 시작된다. 깊이 들여다보면, 나 자신이나 상대편의 허물이 어쩔 수 없이 행해진 것이었음을, 그것이 하나의 상처임을 알게 된다. 이런 이해가 생겨나면, 마음은 허물에 대해 부드러워지고, 허물을 용서할 수 있게 된다. 예수가 간음한 여성을 용서한 일화에서 보듯이 용서는 보복과 복수를 통해서는 결코 도달할 수 없는 찬란한 결과를 낳게 된다.

아름답게 미소 지을 수 있는 능력을 키우는 연습

탈현대적인 관점에서 인간다운 인간의 모습을 한 줄로 묘사해 보라고 한다면, 그것은 '아름다운 미소를 짓고 있는 인간'이 아닐까 싶다. 에고는 마주치는 모든 일에 심각성에 사로잡힌다. 아름답게 미소 지을 수 있는 능력을 키우는 연습은 심각성에 사로잡힌 자신을 향해 미소 짓는 것이다. 청소년들은 미소 짓는 연습을 할 수 있으며, 연습이 거듭될수록 더 심각한 일에도 미소 지을 수 있게 된다. 그리하여 마침내 모든 심각성에서 해방된 삶을 누릴 수 있게 된다.

겸손할 수 있는 능력을 키우는 연습

에고는 겸손할 수 없다. 에고는 우월감을 갖고 오만하거나 열등감을 갖고 비굴할 수 있을 뿐이다. 그 결과, 현대 사회에는 고통이 끊임없이 생겨난다. 청소년들이 생활하는 학교 사회에도 강자의 약자에 대한 폭력이나 집단따돌림이 다양한 형태로 광범위하게 일어나고 있다. 우월감이나 열등감으로부터 자유로워지려면 현대 사회가 나를 바라보는 시선을 거부해야 한다. 난 현대 사회가 나에게 말하는 의미에서의 대단한 사람도 하찮은 사람도 아님을 자각해야 한다. 그리고 우월감을 느낄 때마다 웃음을 보내고, 열등감을 느낄 때마다 격려를 보내야 한다. 연습이 거듭되면, 청소년들은 우월감과 열등감으로부터 점점 해방되어 겸손한 삶을 살 수 있게 될 것이다.

4. 새로운 청소년 마음교육에 대한 비전

새로운 청소년교육 패러다임에 대한 시대의 요구

제4차 산업혁명이 빠른 속도로 진행되고 있다. 앞으로 신기술혁명은 더욱 가속화될 것이다. 산업혁명이 전현대 사회를 완성시키고자 하는 것이 아니었듯이, 제4차 산업혁명은 현대 사회를 완성시키고자 하는 것이 아니다. 산업혁명이 현대 사회의 기술적인 하부구조가 되었듯이, 제4차 산업혁명은 탈현대 사회의 기술적인 하부구조가 될 것이다.

산업혁명이 모든 전현대 사회 시스템들의 붕괴를 촉진시켰듯이, 제4차 산업혁명이 발발하면서 모든 현대 사회 시스템들이 붕괴하고 있다. 현대 사회로 나아가기 위해서는 전현대 사회 시스템들은 붕괴되어야만 했다. 마찬가지로 탈현대 사회로 나아가기 위해서는 현대 사회 시스템들이 무너져야만 한다. 지금 일어나고 있는 현대 사회 시스템들은 무너져야 할 것이 무너지고 있는 것이다.

그러나 현 인류는 현대 세계관에 고착되어 무너지는 현대 사회 시스템들을 복구하고자 하는 불가능하고 파괴적인 노력을 기울이고 있다. 학교의 소임은 새로운 시대를 열어 갈 인재를 양성하는 것이다. 급변하는 사회 속에서 한참 뒤에나 사회에 진출하는 청소년에 대한 교육은 특히 그러하다. 하지만 청소년교육 역시 낡고 사라져 가는 시대가 필요로 했던 인재를 양성하는 데 진력하고 있다. 이것이 바로 현재의 청소년교육 소외의 본 질이며, 청소년교육 패러다임의 변화가 요구되는 이유이다.

새로운 청소년교육 패러다임으로서의 청소년 마음교육

청소년교육 패러다임은 어떻게 바뀌어야 할까? 현대가 필요로 하는 인재를 양성하는 것으로부터 탈현대가 필요로 하는 인재를 양성하는 것으로 바뀌어야 한다. 탈현대가 원하는 인재는 어떤 것인가? '참나를 자각해서 사랑할 수 있는 인간', 이것이 탈현대가 원하는 인재상이다. 어떻게 이런 탈현대적인 인재를 배양할 수 있는가? 그것은 청소년 마음교육을 통해서이다. 그래서 청소년 마음교육은 청소년교육의 새로운 패러다임이 되어야만 한다.

청소년 마음교육의 실제는 어떤 것인가? 사랑의 알통 키우기 연습을 통해 '참나'를 깨어나 활동할 수 있도록 교육하는 것이다. 사랑의 알통 키우기 연습은 다음과 같이 다양한 형태로 이루어질 수 있다.

첫째, 자신의 에고의 감정, 생각, 욕망 등을 자각하고, 자각된 에고를 돌보는 연습을 통해 사랑의 능력을 기르는 것이다. 자각된 에고를 사랑하는 연습은 '반갑게 맞아들이기', '용서', '따뜻하게 품어 주기' 등을 포함한다.

둘째, 상대편의 에고를 자각하고, 사랑의 능력을 키우는 연습이다. 이것은 특히 상대편이 갖고 있는 나쁜 점에 대한 '깊은 이해와 용서', 그리고 '따뜻하게 품어 주기' 등을 포함한다.

셋째, 나쁜 상황과 마주쳤을 때, 그 상황을 활용해서 사랑의 능력을 키우는 것이다. 청소년들이 많이 부딪히는 나쁜 상황인 '집단따돌림을 당함', '가난한 집안사정', '부모님의 불화' 등이 연습의 대상이 될 수 있다.

넷째, '참나'만이 할 수 있는 사랑을 연습함으로써 사랑의 능력을 키우는 방법이 있다. 예를 들어, '관심을 가질 수 있는 능력 키우기', '감사할 수 있는 능력 키우기', '존경할 수 있는 능력 키우기', '용서할 수 있는 능력 키우기', '아름답게 미소 지을 수 있는 능력 키우기', '겸손할 수 있는 능력 키우기' 등이 그 방법이 될 수 있다.

현재 청소년교육의 목표는 '에고를 더 크게 만드는 것'이다. 새로운 청소년교육의 목표는 '참나를 깨어나 활동하게 하는 것'이다. 현대 청소년교육에서 탈현대 청소년교육으로의 청소년교육 패러다임의 대전환이 이루어졌을 때, 청소년교육은 새 시대가 필요로 하는 인재를 배출할 수 있다. 그리고 '참나'를 각성한 청소년은 스스로 행복할 뿐만 아니라 새 시대를 만들어 가는 역군이 될 수 있다.

제2부

우리는
무엇을 가르쳐야 할까

제1장
청소년은 제4차 산업혁명을
어떻게 생각할까

1. 제4차 산업혁명과 청소년의 인식

제4차 산업혁명과 미래 세대의 교육

제4차 산업혁명에 대한 논의는 매우 활발하게 진행되고 있으며, 오늘날 인류의 삶에는 이미 제4차 산업혁명 기술이 많은 영향을 미치고 있다(사이토 가즈노리, 2018: 23). 교육현장도 예외 없이 제4차 산업혁명으로 인한 변화에 직면하였다. 인공지능 기반 미래교육은 교육현장의 지각 변동을 예고하고 있다. 인공지능을 활용한 교육은 교육의 질적 변화를 초래하고 있다.

이러한 시대적인 변화에 직면하여 어떤 교육을 실시해야 할까? 교육계의 화두는 언제나 시대가 요구하는 인재상과 부합하기 위해서 교육의 목표와 가치는 무엇이어야 하는지와 직결되어 있다. 제4차 산업혁명시대는 급변하는 시대를 대비하는 가장 핵심적인 사항은 미래 세대의 교육이다.

제4차 산업혁명 시대에 교육이 달라져야 한다는 주장은 다각적인 측면에서 대두되고 있다. 지금까지 교육계를 지배하고 있는 현대 교육이 제4차 산업혁명 시대의 교육으로서 부적합하다는 논의는 이미 팽배하다. 학계 및 교육계에서는 제4차 산업혁명 시대가 요구하는 인재상에 부합하는 인재를 길러 내기 위해서는 창의적이고 소통 능력을 갖추어야 한다고 한다(사이언스타임즈, 2018년 11월 29일).

지식 습득과 평가를 넘어서는 교육

최근 한국 사회를 포함한 세계 교육계의 경쟁, 평가 위주 교육으로 인한 교육 파괴 현상이 심각한 수준에 이르고 있다. '2019 교육 콘퍼런스'에 참가한 주한미국대사관 아메리칸센터의 코너 오말리(Conor O'Malley)는 평가 위주 교육의 문제를 극복하기 위한 미국 사회의 노력을 다음과 같이 소개했다.

미국은 단편적이고 표준화된 시험제도와 평가에서 벗어나 아이들을 미래에 맞게 교육시키기 위해 융합교육정책인 STEM(Science, Technology, Engineering, Math) 제도를 도입했다. 최근에는 STEM에 예술 영역(Art)을 포함시킨 'STEAM'에서 로봇(Robot)을 포함시킨 'STREAM' 정책으로 나아가고 있는 중이다(사이언스타임즈, 2019년 1월 17일).

단순한 지식 습득과 평가를 통해서는 새로운 시대가 요구하는 인재를 길러 낼 수 없다는 문제의식이 미국 사회에서는 '학교와 학교 밖에 마련된 수많은 메이커 스페이스(Maker Space)를 통해 아이들의 창의성과 협력, 공유, 문제해결 능력을 배가시키는 시도로 확대되고 있다.

메이커 스페이스를 활용하는 교육은 학생들뿐만 아니라, 제4차 산업혁명 시대를 준비하는 누구에게나 창의성을 강화할 수 있는 장으로 활용되고 있다. 이미 예고되었듯이 제4차 산업혁명 시대는 제조업의 혁신이 실현될 것이다. 그러한 변화에 적응할 수 있는 인재 양성의 초점이 메이커 교육이라고 할 수 있으며, 이러한 제조업의 혁신은 새로운 사고방식을 가진 인류의 선택에 의해서 이루어질 것이다(클라우드 슈밥, 2016: 34).

제4차 산업혁명 관련 청소년 인식 조사

최근 제4차 산업혁명에 대한 논의는 비교적 풍부하게 이루어지고 있으며, 다양한 측면에서 제4차 산업혁명을 대비하는 미래 사회에 대한 관심이 확대되고 있다. 하지만 정작 제4차 산업혁명의 주역이 될 청소년이 제4차 산업혁명에 대해서 어떤 입장을 가지고 있는지, 얼마나 이해하고 있는지, 제4차 산업혁명에 대한 준비를 어떻게 하고 있는지 등에 대한 논의는 부족하다.

제4차 산업혁명에 대한 청소년의 인지도, 태도, 정보 수집 방법, 필요로 하는 정보, 제4차 산업혁명을 위한 준비는 어떠한지 등은 매우 흥미로운 주제이다. 여기서는 2018년 12월 대구 및 경북 지역의 중학교 2개교와 고등학교 2개교의 총 541명을 대상으로 실시한 조사 결과를 살펴볼 것이다. 조사 대상자는 일반적으로 정의하는 청소년의 연령대를 고려하여, 중학생과 고등학생을 대상으로 하였다.

조사 대상자의 개인 정보는 수집하지 않았으며, 설문조사에 대한

IRB 심의를 받았다. 조사 대상자는 연구자들과 접근성이 있는 대구 및 경북 지역의 중학교와 고등학교 가운데 조사 협조에 동의한 교사가 있는 4개 학교의 재학생으로 제한하였다.

본 조사의 특징

여기서 사용하는 조사 결과는 조사를 실시한 대구 및 경북 지역 조사 대상자의 특징이 반영되었을 수도 있다. 그러므로 본 조사 결과를 우리나라 청소년 전체의 의견을 대변하는 것으로 주장하고 이해하는 데에는 한계가 있을 수 있다. 본 조사는 조사 대상자 규모가 제한적이고, 조사 대상자의 선정 및 조사 방법 등이 청소년 전체의 의견을 대변하기 위한 조건에서는 부족한 면이 있다.

다만 이 조사는 제4차 산업혁명이 본격화되고 있는 현재의 시점에서 지금까지 이루어진 바 없는 청소년들의 제4차 산업혁명에 대한 인식 자체를 내용으로 다룬다는 점에서 충분한 가치가 있다. 특히 청소년들은 향후 제4차 산업혁명이 본격화되는 시대의 주역이 될 세대이다. 이들이 제4차 산업혁명을 대비할 수 있도록 교육하는 것은 이 시대의 중요한 과제이다. 이러한 이유에서 청소년을 대상으로 실시하는 제4차 산업혁명에 대한 인식 조사는 의미를 가질 수 있다.

조사한 자료의 통계처리는 SPSS프로그램을 이용했으며, 통계처리는 주로 단순 빈도분석을 중심으로 실시했다. 이 조사는 조사 대상자인 청소년이 가지고 있는 제4차 산업혁명에 대한 단순 의견을 파악하고 이해하는 데 목적을 둔다.

설문 내용의 구조화

이 조사에서 사용한 설문지의 내용은 제4차 산업혁명 시대 청소년 교육의 해답을 찾기 위한 기초 조사를 목적으로 구성하였다. 제4차 산업혁명 시대에 대한 논의는 다양하게 전개되고 있지만, 청소년들이 제4차 산업혁명에 대해서 어떤 인식과 정보를 가지고 있는지에 대한 연구는 부족한 것이 현실이다.

제4차 산업혁명 시대에 적응하기 위한 교육적 대안을 모색하기 위해서는 교육 대상자의 제4차 산업혁명에 대한 인식과 정보 습득 경로 및 필요로 하는 정보 등을 분석해야 한다. 나아가서 그들의 제4차 산업혁명 시대를 위한 스스로의 준비와 요구사항에 대한 이해를 통해서, 교육적인 해법을 모색할 필요가 있다.

설문지 내용의 구성은 '제4차 산업혁명에 대한 인지도', '제4차 산업혁명에 대한 인식', '제4차 산업혁명 관련 정보', '제4차 산업혁명에 대한 이해', '제4차 산업혁명에 대한 준비' 등이다. 조사 내용을 요목별로 살펴보면 다음과 같다.

- 제4차 산업혁명 관련 인지도
- 제4차 산업혁명의 영향에 대한 전망
- 제4차 산업혁명이 삶에 미치는 영향의 정도
- 제4차 산업혁명 관련 정보를 얻는 곳
- 제4차 산업혁명 관련 추가 정보의 필요성
- 제4차 산업혁명과 관련해서 알고 싶은 것
- 제4차 산업혁명과 관련해서 얻고 싶은 정보
- 제4차 산업혁명에 대비하는 준비 내용
- 제4차 산업혁명에 대비해 스스로 준비하는 내용

조사 내용의 목적은 청소년의 제4차 산업혁명에 대한 의견을 파악하는 것이다. 이 조사 내용은 제4차 산업혁명 시대가 본격화될 것을 대비하여 청소년교육의 비전을 수립할 때, 교육의 목표와 방향을 설정하는 기초 작업으로서 의미를 가질 것이다.

설문 문항의 형태는 다음과 같이 구성했다. '제4차 산업혁명 관련 인지도', '제4차 산업혁명이 삶에 미치는 영향의 정도' 등은 10점 척도로 조사하였다. 그리고 청소년의 응답을 용이하게 하기 위해서 문항을 가능한 객관식으로 제시하고, 청소년들의 다양한 의견을 조사할 필요가 있는 '제4차 산업혁명과 관련해서 얻고 싶은 정보', '제4차 산업혁명에 대비하는 준비 내용', '제4차 산업혁명에 대비해 스스로 준비하는 내용' 등은 주관식으로 조사했다. 주관식으로 설문한 문항에 대해서는 조사된 의견을 범주화하고 코딩하여 전체적인 의견을 분석하였다.

2. 제4차 산업혁명에 대한 청소년의 이해

제4차 산업혁명 관련 청소년 인지도

제4차 산업혁명의 특징에 대한 연구, 제4차 산업혁명과 시대의 변화에 대한 연구, 제4차 산업혁명을 대비하기 위한 연구 등은 풍부한 성과를 거두고 있다. 그러나 제4차 산업혁명 시대의 주역으로서 살아가야 할 청소년이 제4차 산업혁명에 대해서 어떻게 인식하고 있는지에 대한 연구는 매우 부족하다.

본 조사에서는 청소년들은 제4차 산업혁명과 관련해서 스스로 어느 정도 알고 있다고 생각하는지 질문해 보았다. 조사 내용은 '제4차 산업혁명', '3D프린터', '사물인터넷', '인공지능 로봇'의 4개 항목으로 구성했고, 각 항목마다 10점을 만점으로 알고 있는 정도를 물었다.

항목	평균	표준편차
제4차 산업혁명	5.61	2.448
3D프린터	6.94	2.226
사물인터넷	4.99	2.982
인공지능 로봇	7.10	2.127

〈표 1〉 제4차 산업혁명 관련 인지도

조사 결과, 청소년들은 '인공지능 로봇'에 대해서는 7.10점, '3D프린터'는 6.94점으로 비교적 높게 알고 있다는 입장으로 답했으며, '제4차 산업혁명'은 5.61점, '사물인터넷'은 4.99점으로 상대적으로 낮게 알고 있다고 답했다. '인공지능 로봇'이나 '3D프린터'의 경우, 학교현장에서 비교적 접할 수 있는 기회가 많은 반면, '제4차 산업혁명'과 '사물인터넷'에 대해서는 직접적으로 배우거나 접할 기회가 적기 때문에 인지도가 낮게 나타난 것이라고 할 수 있다.

이 문항은 실제 청소년의 제4차 산업혁명 관련 인지 정도를 파악한 것이 아니라, 청소년이 스스로 어느 정도 알고 있다고 생각하는지를 조사한 것이다. 조사 결과에 따르면, 조사 대상자인 청소년이 느끼는 인지 정도는 6.16점으로 그리 높지 않다. 제4차 산업혁명 기술이 일상생활에 직간접적으로 영향을 미치고 있다고 평가하고 있는 현실을 고려하면 인지도를 높이기 위한 교육적 대안이 마련되어야 할 것으로 보인다.

한편으로는 조사 대상자가 제4차 산업혁명에 대해서 스스로 '알고 있다'고 답한 것만큼 실제로 알고 있을지에 대한 의문이 들기도 한다. 이러한 의문에 대해 정확한 답을 할 수는 없지만, 조사 대상자가 다른 문항에서 응답한 내용과 연계하여 분석한다면 충분히 예측을 할 수 있다.

제4차 산업혁명의 영향에 대한 청소년 태도

제4차 산업혁명이 우리의 삶에 어떤 영향을 미칠 것으로 생각하고 있는지, 조사 대상자의 의견을 살펴보자.

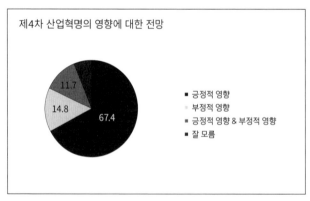

〈그림 1〉 제4차 산업혁명이 우리의 삶에 미치는 영향

조사 대상자의 67.4%는 제4차 산업혁명이 우리의 삶에 긍정적인 영향과 부정적인 영향을 모두 미칠 것이라고 답했다. 14.8%는 잘 모르겠다고 응답했고, 11.7%는 긍정적인 영향을 6.1%는 부정적인 영향을 미칠 것이라고 답했다. 긍정적인 영향과 부정적인 영향을 모두 미칠 것이라고 답한 비율이 압도적으로 높다는 것은 청소년이 스스로 미래 사회에 대해 희망과 두려움을 함께 느끼고 있다는 것을 말해 준다.

제4차 산업혁명이 우리의 삶에 긍정적인 영향과 부정적인 영향을 미칠 것이라고 답한 응답자에게 각각 영향의 정도를 점수로 질문하였다. 긍정적인 영향을 미칠 것이라고 응답한 11.7% 조사 대상자들은 긍정적인 영향이 매우 크다는 10점 만점 가운데 6.90점을 답했다. 반면 부정적인 영향을 미친다고 답한 8.1%의 응답자는 부정적인 영향이 5.99점이라고 답했다.

구분	평균	표준편차
긍정적 영향	6.90	1.646
부정적 영향	5.99	1.722

〈표 2〉 제4차 산업혁명이 삶에 미치는 영향의 정도

〈표 2〉의 조사 결과를 통해서, 조사 대상자들은 제4차 산업혁명에 대해서 긍정적인 입장이 더 큰 것으로 분석할 수 있다. 그렇다면 조사 대상자들은 제4차 산업혁명이 우리의 삶에 미칠 현상에 대해서 어떻게 생각하고 있는지 분석해 보자.

제4차 산업혁명의 긍정적·부정적 영향

구분	항목	평균	표준편차
부정적 현상	일자리 축소	7.49	2.039
	로봇과 인간의 갈등	6.07	2.315
	소득 양극화 심화	6.83	2.064
긍정적 현상	여가시간 확대	6.90	2.124
	로봇 활용으로 인한 편리한 삶	7.58	1.946
	경제적으로 여유로운 생활	5.46	2.315

〈표 3〉 제4차 산업혁명이 미치는 영향력의 정도

〈표 3〉을 통해서 알 수 있듯이, 제4차 산업혁명이 우리의 삶에 미칠 현상을 긍정적인 측면의 세 가지와 부정적인 측면의 세 가지로 질문하였다. 이에 대해서, 조사 대상자들은 긍정적인 현상이 미칠 영향보다는 부정적인 현상이 미칠 영향이 더 크다고 응답했다. 이러한 응답 결과는 앞의 문항에서 제4차 산업혁명이 우리의 삶에 미칠 긍정적인 영향과 부정적인 영향을 추상적으로 질문했을 때 긍정적인 영향이 더 클 것이라고 응답한 것과는 차이가 있다.

이 결과를 통해서, 제4차 산업혁명이 우리의 삶에 미칠 영향에 대한 청소년의 의견은 제4차 산업혁명을 추상적인 범주로 고려할 때는 긍정적인 영향이 클 것이라고 생각하지만, 구체적인 현상을 대상으로 판단할 때는 부정적인 영향에 대한 의견이 더 클 것으로 본다는 것을 알 수 있다. 다만, 제4차 산업혁명으로 인해 발생할 구체적인 현상에 대한 긍정적인 영향과 부정적인 영향에 응답한 점수 차이가 극히 작아서 특별한 해석을 할 필요는 없을 것으로 보인다.

청소년의 의견 가운데 주목할 부분은 제4차 산업혁명으로 인해서 일자리가 축소될 것이라는 항목에서 '영향이 매우 크다'에 10점 만점 중 7.49점이 나온 것이다. 일자리 축소가 불가피할 것으로 보는 입장이 다수라는 점을 알 수 있다.

제4차 산업혁명과 일자리

실제로 제4차 산업혁명으로 인한 일자리 축소에 대한 입장은 여전히 찬반의 입장이 팽팽하게 대립하고 있다. 제4차 산업혁명은 일자리를 급격히 축소시킬 것이라는 주장이 많이 보고되고 있다. 반면, 2018년 다보스 포럼 「직업의 미래 2018(The Future of Jobs 2018)」에서는 다음과 같이 보고되었다.

로봇에 의해 대체되는 일자리는 7,500만 개인데 비해 기계와 로봇, 인공지능으로 인해 생겨나는 일자리는 1억 3,300만 개가 될 것이라고 전망했다(사이언스타임즈, 2018년 11월 27일).

위의 보고서와 같이 일자리는 확대될 수도 있을 것이다. 반면 일자리가 축소될 수도 있다. 로봇이 일자리를 상당수 대체할 것이라는 입장도 쉽게 볼 수 있다.

로봇이 2030년까지 전 세계적으로 제조업 일자리 2,000만 개를 대체할 수 있다는 연구 결과가 나왔다고 미국 경제 매체 CNBC가 26일(현지 시간) 보도했다. 특히 로봇 때문에 사라지는 일자리는 미국이나 유럽 등 서구 선진국보다 중국에서 훨씬 많을 것으로 예측됐다. 저숙련 노동계층의 타격이 더 크다는 얘기다.

경제 전망·분석업체 '옥스퍼드 이코노믹스'가 이날 내놓은 연구 결과는 장기적인 일터에서의 자동화 추세를 분석한 것이다. 그 결과 2030년까지 전 세계적으로 2,000만 개의 제조업 일자리를 로봇이 차지할 수 있다고 예상됐다. 중국에서만 1,400만 개의 로봇이 업무 현장에 배치된다.

연구자들은 "자동화의 결과 수천만 개의 일자리가 사라질 것"이라며 "특히 저숙련 노동자들에 의존하는, 상대적으로 가난한 지역 경제에서 그럴 것"이라고 지적했다. 그러면서 이는 결국 소득 불평등의 증대로 이어질 것이라고 내다봤다. 미국의 경우 로봇에 의해 대체되는 일자리는 2030년까지 150만 개로 예상됐다. 유럽연합(EU) 회원국 전체에서도 약 200만 개가 사라진다(사이언스타임즈, 2019년 6월 20일).

제4차 산업혁명의 영향이 어디까지, 어떤 방식으로 인류의 삶에 미칠지에 대한 예측이 불가능하기 때문에 일자리에 대한 이러한 논란의 결론을 내리기는 쉽지 않다. 중요한 사실은 조사 대상자를 포함한 인류가 제4차 산업혁명을 이해하는 과정에서 현대 사회를 지배하고 있는 노동하는 존재로서의 인간에 대한 가치에 여전히 방점을 두고 있다는 것이다.

제4차 산업혁명 시대의 인간 이해

제4차 산업혁명 시대는 인류의 삶의 양식을 송두리째 변화시킬 물적 토대를 구축하고 있는 것이 현실이다. 다수의 전문가들은 제4차 산업혁명 시대는 개인 소득이 무의미해지고 모든 것을 공유하는 협력사회로 나아갈 것이라고 예측하고 있다. 이러한 사회가 현실이 되기 위해서, 인류는 협력할 수 있는 역량을 갖추어야 한다(사이언스타임즈, 2017년 11월 14일).

다시 말해서, 노동을 통한 자기실현이나 노동하는 인간으로서의 가치에 얽매이지 않아야 한다. 노동이 주는 성취감과 삶의 의미를 간과하자는 뜻이 아니라, 노동을 통한 인간 존재 가치에 국한하거나 집착하지 않아야 한다는 뜻이다. 현대적인 인간 가치에 집착하는 인류의 세계관으로는 협력을 바탕으로 하는 공유사회의 실현이란 불가능하기 때문이다(이현지, 2017: 66). 그러므로 청소년이 실감하고 있는 일자리 축소에 대한 불안이나 두려움이 있다면, 제4차 산업혁명 시대에 대한 이해를 도모하고 그 시대에 요구되는 삶의 가치관을 형성할 수 있도록 교육적 지원이 필요하다.

3. 제4차 산업혁명에 대한 청소년의 지식

제4차 산업혁명 관련 정보의 출처

청소년들은 제4차 산업혁명에 대한 정보를 주로 어디서 습득할까? 정보의 출처는 정보의 질을 결정하기도 하므로, 양질의 정보를 수집

하는 데에서 중요한 의미를 가진다.

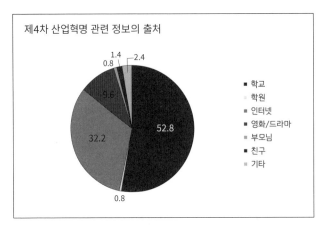

제4차 산업혁명 관련 정보의 출처

- 학교
- 학원
- 인터넷
- 영화/드라마
- 부모님
- 친구
- 기타

〈그림 2〉 제4차 산업혁명 관련 정보의 출처

　조사 대상자가 응답한 제4차 산업혁명에 대한 정보의 출처는 '학교' 52.8%, '인터넷' 32.2%, '영화나 드라마' 9.6%, 그 외 '친구', '학원', '부모님' 등으로 나타났다. 이 결과를 통해서, 제4차 산업혁명에 대한 인식을 형성하고 이해를 도모하는 데 학교가 차지하는 비중이 크다는 것을 확인할 수 있었다. 또한 인터넷을 통한 정보 수집이 적지 않은 비중을 차지한다는 점에서 청소년의 제4차 산업혁명에 대한 인식 형성의 위험성도 고려해야 할 것이다.

제4차 산업혁명 관련 정보에 대한 태도

　청소년들은 제4차 산업혁명에 대한 현재의 정보에 만족하고 있을까? 응답자의 64.8%가 더 많은 정보가 필요하다는 답을 했다. 스스로 제4차 산업혁명 관련 정보를 필요로 하고 있다는 점에서 제4차 산업혁명에 대한 청소년의 관심이 높다는 것을 알 수 있다. 다른 한편으로는 더 많은 정보가 필요한지 모르겠다고 30.2%가 응답하여, 정보의 필요성을 인식하지 못하는 청소년의 관심을 유발하는 교육적 방안을 마련하는 것도 시급할 것으로 보인다.

청소년이 필요로 하는 제4차 산업혁명 관련 정보는 어떤 것인지 묻기 위해서, 알고 싶은 것을 복수 응답하도록 조사했다. 조사 결과, 제4차 산업혁명과 관련해 더 알고 싶은 정보는 '미래 사회에 갖추어야 할 능력' 31.5%, '미래 사회의 변화' 28.9%, '미래의 기술 발전' 21.9%, '미래 사회의 변화할 인간관계' 16.4%, '미래 직업 및 기타' 1.3%로 나타났다.

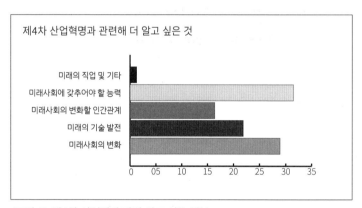

〈그림 3〉 제4차 산업혁명 관련 알고 싶은 정보

청소년이 제4차 산업혁명에 대해서 더 알고 싶다고 답한 항목은 '미래 사회에 갖추어야 할 능력'과 '미래 사회의 변화'였다. 이 결과는 미래 사회는 새로운 능력을 요구할 것이라는 청소년의 예측을 반영하고 있다. 이러한 응답을 한 조사 대상자에게 구체적으로 더 얻고 싶은 정보가 무엇인지 주관식으로 질문하였다. 응답한 내용을 범주화한 결과는 다음과 같다.

청소년은 제4차 산업혁명과 관련해서, '미래의 직업'에 대한 정보를 더 얻고 싶다고 25.3%가 답했으며, '제4차 산업혁명과 그 영향'에 대한 정보를 더 얻고 싶다고 25.0%가 응답했다. 응답한 결과를 그래프로 그리면 〈그림 4〉와 같다.

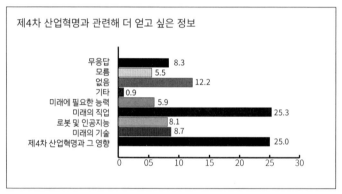

〈그림 4〉 제4차 산업혁명 관련 얻고 싶은 정보

〈그림 4〉에 나타나듯이, '알고 싶은 것이 없음', '모름', '무응답'으로 답한 경우가 141명으로 26.1%에 해당한다. 이와 같은 결과는 제4차 산업혁명에 대한 이해도나 관심도가 낮아서 나타나는 결과로 추정할 수 있다. 제4차 산업혁명이 진행되고 있는 속도를 고려한다면, 제4차 산업혁명에 대한 이해도 및 관심도가 낮은 청소년을 방치하는 것은 또 다른 사회문제를 야기할 수 있다. 청소년이 제4차 산업혁명이 본격화되는 미래 사회의 주역으로서 역할에 충실할 수 있도록 교육과정에

그들이 필요로 하는 정보를 포함시키고 다루어야 한다.

범주화의 과정에서 소수 의견이었기 때문에 다른 의견과 함께 '로봇 및 인공지능'에 대한 정보를 얻고 싶다는 항목에 포함하여 분류했는데, '제4차 산업혁명 및 인공지능 로봇이 인간관계에 미치는 영향'에 대한 정보를 얻고 싶다는 의견이 24명(4.4%)으로 나타났다. 이 의견을 통해서, 소수의 청소년이지만 기술의 변화와 발전으로 인한 인간관계의 변화에 관심을 가지고 있다는 점에서 의미를 생각해 볼 만하다.

제4차 산업혁명에 대한 준비

청소년들은 제4차 산업혁명에 대비하여 어떤 준비를 해야 한다고 생각할까? 조사 대상자에게 제4차 산업혁명에 대비하여 우리가 어떤 준비를 해야 하는지 주관식으로 물어보았다.

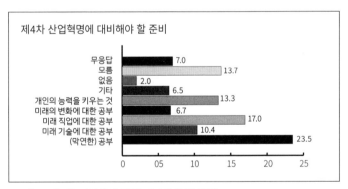

〈그림 5〉 제4차 산업혁명 관련 대비해야 할 준비

〈그림 5〉에 나타나듯이, 청소년들은 제4차 산업혁명에 대비하여 '공부'를 해야 한다고 답한 비율이 23.5%로 가장 높았다. 하지만 공

부에 대한 구체적인 내용과 방향은 포함되지 않은 것으로 미루어 볼 때, 현재 청소년들은 제4차 산업혁명을 대비해서 무엇을 준비해야 할 것인지에 대한 구체적인 방향을 가지고 있지 못한 것으로 예측할 수 있다. 또한 제4차 산업혁명과 관련해 대비해야 할 준비에 대해 123명(22.7%)이 '없음', '모름', '무응답'으로 답했다. 이 비율은 '제4차 산업혁명에 대해서 더 알고 싶은 것'을 질문한 것에 대한 '없음', '모름', '무응답'의 비율과 유사한 수치이다.

그런가 하면, 미래 사회 혹은 기술 변화에 적응하기 위한 유연한 태도와 적응력을 키워야 한다는 응답이 있었다는 점은 주목할 만하다. 변화를 수용하고 변화에 적응하기 위해서 유연한 자세를 가져야 한다는 의견과 인공지능 로봇과 잘 적응할 수 있는 마음 준비가 필요하다는 의견 등이 인상적이었다. 이러한 의견은 제4차 산업혁명을 맞이하여 이해하고 받아들일 준비를 충실히 할 필요성이 있음을 인식하고 있다는 것을 보여 준다. 또한 변화를 수용하는 적극적인 자세가 돋보이는 측면이 있다.

한편으로 청소년들이 생각하는 제4차 산업혁명에 대비해야 할 준비는 인공지능 로봇이 대체할 수 없는 능력을 준비하거나 인공지능과 차별화할 수 있는 자기만의 실력을 준비해야 한다는 입장이다. 창의력, 감성 등 로봇이나 인공지능에 대해 우위를 가질 수 있는 역량을 키워야 한다는 의견도 말하고 있다.

제4차 산업혁명에 대한 청소년의 대비

그렇다면 청소년들은 스스로 제4차 산업혁명을 대비해서 어떤 준비를 하고 있을까? 〈그림 6〉에서 조사 결과를 확인해 보자.

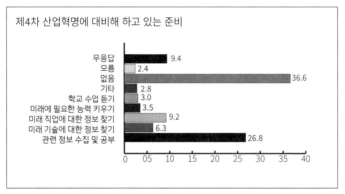

〈그림 6〉 제4차 산업혁명 관련 대비해 하고 있는 준비

〈그림 6〉에 나타나듯이, 청소년들의 제4차 산업혁명에 대비한 준비는 '없음', '모름', '무응답'이 262명(48.4%)으로 나타났다. 이 결과는 청소년 스스로가 현재 제4차 산업혁명에 대한 준비가 제대로 이루어지지 않고 있다는 입장을 가지고 있음을 보여 준다. 특히 '없음'이라고 응답한 비율이 매우 높다는 점을 유의 깊게 살펴볼 필요가 있다.

이 질문에 대한 응답 내용을 구체적으로 살펴보면, 제4차 산업혁명에 대한 준비를 하고 있다고 응답한 경우에도 정보의 출처가 인터넷이나 언론매체 등이라고 답한 경우(19명)가 학교 수업과 공부로 제4차 산업혁명에 대비한다(16명)는 응답보다 조금 많았다. 이 결과는 학교가 제4자 산업역명을 대비하는 순비에 매우 미흡한 실정임을 보여 준다.

4. 제4차 산업혁명과 청소년교육

제4차 산업혁명에 대한 청소년 인식의 현주소

청소년들은 제4차 산업혁명과 관련해서, '3D프린터'와 '인공지능 로봇'에 대해서는 비교적 잘 알고 있다고 답했고, '제4차 산업혁명'과 '사물인터넷'에 대해서는 보통의 정도로 안다고 응답했다.

제4차 산업혁명에 대한 전망에서 청소년들은 '긍정적 영향과 부정적 영향이 모두 있다'에 67.4%로 가장 높은 응답률을 보였다. 긍정적 영향만 있다고 답한 응답자들은 10점을 기준으로 할 때 긍정적 영향이 6.90점으로 크다고 답했다. 반면 부정적 영향만 있다고 답한 응답자들은 10점을 기준으로 할 때 부정적인 영향이 5.99점으로 크다고 응답했다.

제4차 산업혁명의 구체적인 현상이 미칠 영향에 대해서는 부정적인 측면에서 가장 영향이 크다고 답한 것은 '일자리 축소'에 7.49점, 긍정적인 측면에서 가장 영향이 크다고 답한 것은 '로봇 활용으로 인한 편리한 삶'이 7.58점으로 나타났다.

제4차 산업혁명에 대한 정보 출처는 '학교'가 52.8%로 가장 높았고, '인터넷'이 32.2%로 나타났다. 제4차 산업혁명에 대한 교육에서 현재 학교의 역할이 가장 크다는 것을 알 수 있었으며, '인터넷'을 통한 정보 습득의 문제점을 개선할 방안을 마련해야 할 필요성이 나타났다.

제4차 산업혁명에 대해 알고 싶은 정보에 대한 조사 결과, '미래 사회에 갖추어야 할 능력(31.5%)', '미래 사회의 변화(28.9%)' 등 순으로 답했다. 더 얻고 싶은 정보는 '미래의 직업에 대한 정보(25.3%)', '제4차 산업혁명과 그 영향(25.0%)' 순으로 응답했다.

제4차 산업혁명에 대비해서 어떤 준비를 해야 할지에 대한 질문에 청소년들은 '공부(23.5%)', '미래 직업에 대한 공부(17.0%)', '모름(13.7%)', '개인의 능력을 키우는 것(13.3%)', '미래 기술에 대한 공부(10.4%)' 등의 순으로 답했다. '공부'라고 응답한 경우도 구체적이지 못하기 때문에 사실 청소년들은 어떤 준비를 해야 하는지에 대해서 정확한 방향을 가지고 있지는 못하다고 볼 수 있다.

현재 스스로 제4차 산업혁명 시대를 대비해서 어떤 준비를 하고 있는지에 대해서 '없음', '모름', '무응답'에 48.4%가 답했다. 이를 통해서 현재 청소년의 제4차 산업혁명에 대한 준비 정도를 파악할 수 있다.

제4차 산업혁명에 대한 청소년교육 방향

첫째, 제4차 산업혁명에 대한 청소년 이해 및 지식을 형성할 수 있는 방안이 모색되어야 할 것이다. 현행 제4차 산업혁명의 진행 속도와 교육계의 제4차 산업혁명에 부합하는 교육의 차이가 크게 벌어지는 문제를 간과해서는 안 될 것이다.

둘째, 제4차 산업혁명에 대한 청소년 인식을 제고하기 위해서는 학교를 적극적으로 활용해야 할 것이다. 제4차 산업혁명에 대한 청소년의 지식은 학교와 인터넷이 주된 출처가 되고 있다. 제4차 산업혁명에 대한 청소년의 건전한 인식이 형성되도록 하려면 학교가 더 적극적으로 제4차 산업혁명에 대한 지식과 정보교육에 나서야 할 필요가 있다.

셋째, 제4차 산업혁명 시대의 교육에 대한 새로운 비전 수립이 절실히 요구된다. 제4차 산업혁명을 논의 대상으로 다루고 교육한다고 하지만, 현재 청소년의 인식에는 제4차 산업혁명 시대의 변화와 혁신에 대한 이해는 매우 부족하다. 이러한 문제를 개선하려면 제4차 산업혁명으로 야기되는 새로운 사회구조, 인간관계 변화, 삶의 혁신적인 변화 등에 대한 교육적 접근이 추진되어야 할 것이다.

선(先) 인문학 후(後) 기술 교육

제4차 산업혁명 시대에 청소년교육에 대한 다양한 입장이 제기되고 있다. 오늘날 교육이 직면한 현대적인 문제를 전제로 할 경우 교육의 미래는 매우 불투명하다. 특히 인공지능의 발달은 현대 교육에서 중심이었던 지식교육의 필요성을 급격하게 훼손할 것이다. 그렇다면 교육은 어떤 내용을 담아야 하며, 무엇을 목표로 삼아야 할 것인가? 이에 대한 대응 가운데 한 가지로 조지메이슨대학교 여현덕 교수는 인문학을 우선하는 기술 교육이라고 답한다. 그는 한국 사회의 인공지능 교육의 낙후성을 지적하면서 다음과 같이 말했다.

컴퓨터는 인공지능을 구현하는 도구일 뿐, 인공지능은 컴퓨터공학이 아니다. 인공지능의 활용과 융합을 위해선 인문학적 상상력을 기를 수 있는 교육이 가장 우선적으로 필요하지만, 한국에선 인공지능 교육이라면서 모두가 코딩과 같은 기술을 먼저 가르치고 있다(한국경제신문, 2019년 8월 20일).

제4차 산업혁명 시대는 과학기술 교육이 중심이 되어야 한다고 전망하기 쉽다. 그러나 과학기술이 발달할수록 기술 교육으로 해결할 수 없는 다양한 문제에 직면할 수 있다. 그런 의미에서 기술 교육에 우선하는 인문학 교육이라는 주장은 오늘날 의미가 크다. 제4차 산업혁명 시대의 주역이 될 청소년이 이 시대를 어떻게 이해해야 하고, 어떻게 대비해야 할 것인지에 대한 해답을 찾는 데에도 인문학 교육은 의미를 충분히 가질 수 있다.

제2장
학교 인성교육,
무엇이 문제인가

1. 창의성인가, 도덕성인가

창의성교육의 맹점

2017년 12월 5일, 일본의 슈퍼컴퓨터 K를 개발한 사이토 모토아키 (齊藤元章)가 4억 3,000만 엔의 정부 지원금을 횡령한 혐의로 체포되었다. 레이 커즈와일이 주창한 '정보 구축을 위한 여섯 개의 진화 단계'를 수용한 그는, 인류는 지구 전체가 하나의 지성으로 진화하는 '제5단계'를 거쳐, 우주 전체가 하나의 지성으로 진화하는 '제6단계'에 도달할 것이라 하였으며, 머지않아 생활비가 무료인 세상이 도래할 것이라 주장하였다.

비록 허황된 몽상에 불과하다는 격렬한 비판에 부딪혀 자신의 뜻을 국가 정책에 반영하지는 못했지만, 돈이 의미가 없는 시대가 도래할 것이라 주장했던 그가 국가 지원금을 횡령했다는 사실을 우리는 어떻게 받아들여야 할까?

어쩌면 뛰어난 창의력으로 기술혁신을 선도하고, 공유경제에 바탕을 둔 새로운 미래 사회를 상상하면서도 횡령과 탈세를 저지르는 과학자의 모습, 그것이야말로 우리가 대면하는 일상의 인간일지도 모른다.

이명박 정부의 슬로건이었던 '창의인성교육'은 2000년대 들어서 줄기차게 강조되었던 창의성교육이 2007년의 금융위기에 봉착하면서 스스로의 궤도를 수정한 것으로, 인성교육이 선행되지 않은 창의성교육이란 사상누각에 불과하다는 위기감의 표출이었다. 그러나 머지않은 장래에 인간을 뛰어넘는 인공지능의 출현이 예견되고, 인간의 사이보그화가 진행되는 이 기술 융합의 시대에 인성교육이란 시대착오적인 것이 아닌가?

인간의 본성이란?

일찍이 동아시아 사람들은 인간이란 그 본성을 하늘로부터 부여받아 태어나는 존재라 생각했다. 그러나 이 하늘로부터 부여받은 본성에는 선한 것이 있으면 선하지 못한 것도 있으니, 음식남녀(飮食男女), 바로 인간의 욕망이 그것이다.

그러므로 맹자는 말했다.

다섯 가지 욕망도 본성이지만 한도가 있어서 원하는 대로 할 수 없으니 명이다. 이것을 내 본성에 있다고 해서 구하여 반드시 얻으려 해서는 안 된다. 인의예지(仁義禮智)와 천도(天道)는 사람에게 있어서는 명에게서 받은 것이지만 받은 것에는 후박과 청탁이 있다. 그러나 본성이 선하여 배워서 다할 수 있으므로 명이라 하지 않는다.

'입[口], 눈[目], 귀[耳], 코[鼻], 팔다리[四肢]', 즉 몸에 깃든 욕망은 원래부터 내게 있었던 것이기에 내 본성이라 할 수 있지만, 그러나 무한히 추구할 수는 없는 것이므로 명(命)이라 하고, 인의예지(仁義禮智)는 하늘이 내게 명(命)한 것이기에 명이라 해야 하지만, 배워서 온전하게 할 수 있으므로 성(性)이라 한다는 것이다(이승연, 2009: 171-173).

이처럼 동아시아 사람들은 태어나면서부터 자신에게 구비되어 있는 욕망을 인간의 본성이라 하여 부정하지 않았지만, 그러나 무한히 추구하여도 결코 만족할 수 없는 것이기에 이를 성이라 하지 않고 명이라 하였다. 그들은 자신에게 주어진 삶에 순응하면서 그보다는 인의예지라는 인간의 성을 실현하는 것을 자신의 업으로 삼았던 것이다.

욕망의 시대

이제 욕망을 명이라 부르지 않는 시대가 되었다. 바야흐로 명을 거스르며 명을 이기는 시대, 주어진 것에 만족하는 것이 아니라 원하는 대로 이룰 수 있는 시대가 다가오고 있다. 자신의 몸을 마음대로 변형하고, 노화를 멈추며, 죽음으로부터 자유로운 시대, 마침내 인간이 신이 되는 그런 시대가 올 것이라고 한다. 그 세상은 인격조차 과학의 힘으로 바꿀 수 있으므로 교육도 필요 없고 경찰도 필요 없다.

인간의 노동을 대신할 인공지능 교사, 인공지능 의사, 인공지능 주식 매니지먼트…, 증강인간과 증강현실, 3D프린터, 자율주행차와 드론…. 2016년 다보스 포럼에서 클라이드 슈밥이 제4차 산업혁명 시대의 도래를 선언하고, 서점에 미래학자들의 예언서가 베스트셀러가 되는 동안 공상과학영화를 현실로 만들어 준 뛰어난 기술혁신의 결과

물들이 속속 등장했다.

하지만 사람들은 이 경이로운 미래를 막연히 즐거워할 수만은 없었다. 인간의 욕망이 부풀어 오르고 인간의 '명'을 우스워하는 동안, 인류는 당장 심각한 일자리 부족에 시달려야 했고, 앞으로 더 심각해질 양극화 현상을 불안해하기 시작한 것이다.

그런데 과연 일자리만이 문제일까? 2014년, 인공지능 분야를 선도하고 있는 빈센트 뮐러(Vicenet Müller)와 닉 보스트롬(Nick Bostrom)이 AI 전문가를 상대로 강인공지능과 초인공지능이 도래하게 될 시기를 질문한 결과, 응답자의 과반수가 2030~2050년에 강인공지능이, 2060년에는 인간의 지능을 뛰어넘을 초인공지능이 출현할 것이라고 대답했다. 더구나 인공지능 분야의 최고 권위자라 일컬어지는 레이 커즈와일(Ray Kurzweil)은 이 시기를 더욱 앞당겨 '2045년 특이점이 온다'고 주장한다. 특이점이란 인공지능이 인간의 지능을 추월하는 시기로, 이 시기에 이르면 더 이상 인간의 예측은 불가능해진다.

공상과학영화에 등장하는 '위대한 신세계', 그리고 커즈와일 등의 주장을 지나친 상상력의 결과로 치부한다고 하더라도 급속한 기술혁신이 기존의 사회 시스템을 전면적으로 재편할 것이라는 사실을 부정할 수는 없을 것 같다. 가상공간에서 이루어지는 상거래, 무인 시스템, 유전자 변형, 드론의 출현 등, 그것만으로 사회는 이미 새로운 형태로 전환되고 있기 때문이다.

학교현장에서도 제4차 산업혁명에 대비해야 한다는 목소리가 나오기 시작했다. 서구 '근대'를 계승한 우리 학교는 무엇보다 '개인주의'의 바탕 위에서 '자아실현'을 강조했고, '직업'을 자아실현을 위한 한 축으로 강조해 왔다. 그 학교가 학생들의 '자아실현'을 돕기 위해서는 시대의 변화를 민감하게 인식해야만 했던 것이다. 교사 연수가 강화되었고 일부 학교에서는 3D프린터를 설치했으며 방과후수업에 코딩이 도입되기도 했다.

비슷한 시기, 교육부는 2015년 개정교육과정을 고시했다. 이 개정교육과정은 2017년 초등학교 1, 2학년에 적용·실시하는 것을 시작으로 하여, 2018년에는 초등학교 3, 4학년, 중·고등학교 1학년까지, 2019년에는 초등학교 5, 6학년, 중·고등학교 2학년까지, 2020년에는 전 학생으로 그 대상이 확대된다. 이 개정안의 특징은 '창의 융합적 인재 양성'을 목표로 하여, 자유학기제의 전면적 실시, 진로교육, 융합교육, 지식수업의 지양과 체험 위주의 학습을 강조한 것이다. 부수적으로 고교학점제 도입, 수업 선택제 등을 통해 학생들의 수업의 폭을 확대하고자 하였으며, 학교 밖과의 연계를 강조하였다.

그러나 유튜브에 넘쳐나는 지식들, 무료로 제공되는 석학들의 강연 등 선택적으로 배울 수 있고 또 선택적으로 가르칠 수도 있는 이 새로운 시대, 학교의 종말이 공공연하게 거론되는 이 위기의 시대에 학교는 이 변화를 제대로 인지하고 있는 것일까? 2015년 개정교육과정으로 우리는 이 시대의 변화에 대응할 수 있는 것일까?

욕망이 부풀어 오르고, 무엇이든 원하는 대로 이루어질 것 같은 새로운 시대, 우리의 학교교육이 창의성을 가진 인재를 양성하기 위해 조급해하는 사이에 아이들은 미래에 대한 불안 속에서 좌절하거나 스스로를 포기하지는 않을까? 무엇이든 이룰 수 있을 것 같으면서도 무엇 하나 제대로 이루어지지 않을 것 같은 현실에 짓눌려 절망하거나 분노하지는 않을까?

2. 학교 인성교육의 현재

제4차 산업혁명과 2015년 개정교육과정의 특징

교육은 미래를 계획하는 것이며 새로운 시대를 열기 위해 준비하는 것이다. 만약 시대를 선도하지 못한다면 교육은 교육으로서의 의미를 가질 수 없다. 그러나 지금 교육만큼 시대에 뒤떨어진 분야가 또 있을까? 입시제도의 공정성에 대해 목소리를 높이는 사이 우리 교육은 교육의 본분을 다하지 못하고 있는 것은 아닐까? 우선 개정교육과정의 특징을 분석하면서 이 개정교육과정이 시대의 변화에 어느 정도 부응하고 있는지를, 특히 도덕교과를 중심으로 검토해 보기로 한다.

① 개정교육과정의 특징

2015년 개정교육과정의 특징에 대해서는 이미 교육부에서 충분히 공지하였는데, 편의를 위해 그 개략을 소개해 두기로 한다.

먼저 교육부는 이 교육과정의 성격을 '국가 수준의 공통성과 지역, 학교, 개인 수준의 다양성을 동시에 추구하는 교육과정', '학생중심 교육과정', '학교와 교육청, 지역사회, 교원, 학생, 학부모가 함께 실현해 가는 교육과정', '과정 중심의 교육과정', '학교교육의 질적 수준을 관리하고 개선하기 위한 교육과정'이라는 다섯 가지로 정의하고 있다.

다음으로 개정교육과정은 '자신의 진로와 삶을 개척하는 자주적인 사람', '창의적인 사람', '교양 있는 사람', '더불어 사는 사람'이라는 네 가지를 이 교육과정이 추구하는 인간상으로 제시하고, 이 인간상을 실현하기 위한 수단으로 다시 여섯 가지의 핵심 역량을 제시하였다.

핵심역량이란 미래 사회를 살아가기 위해 반드시 필요한 역량을 지칭하는 말로, 이것이야말로 2015년 개정교육과정의 가장 특징적인 것이라 할 수 있다. '자신의 삶과 진로에 필요한 기초 능력과 자질을 갖추어 자기주도적으로 살아갈 수 있는 자기관리 역량', '지식정보 처리 역량', '다양한 전문 분야의 지식, 기술, 경험을 융합적으로 활용하여 새로운 것을 창출하는 창의적 사고 역량', '심미적 감성 역량', '의사소통 역량', '공동체 발전에 적극적으로 참여하는 공동체 역량' 등이 그것이다.

학교는 아이들이 미래 사회를 살아갈 힘을 길러 주는 곳이다. 개정교육과정은 그 힘을 '역량'이라 부르며, 여섯 가지로 구체화하였다. 학교교육이 입시 준비가 아니라 좀 더 현실에 밀착하여 현실을 살아갈 실질적인 힘을 길러 주어야 한다는 절박함이 반영된 것이라 할 수 있을 것이다.

그렇다면 2015년 개정교육과정은 2009년 교육과정과 무엇이 다른가? 그것은 대략 다음 네 가지로 정리할 수 있을 것이다.

첫째, 학교의 울타리를 낮추었다. 학교가 더 이상 교육을 독점할 수 없는 시대, '지역'을 새로운 교육의 장으로 흡수하고, 학교 밖에서의 수업을 정식 수업으로 인정하는 학점 이수제를 도입한 것이다. 둘째, 지식 중심의 교육이 지양되었다. 개인이 가진 지식의 양이 무의미해지고 누가 더 많은 정보를 더 빨리 가지는지가 중요해진 새로운 시대, 이제 필요한 것은 그 정보를 얼마나 잘 활용하는지, 또 그 정보를 활용하여 얼마나 새로운 것을 만들어 낼 수 있는지가 중요하다. 개정교육과정은 '지식정보 처리 역량'과 '지식 기술, 경험을 융합하여 새로운 것을 창출하는 창의적 사고 역량'을 핵심역량으로 하여 이러한 시대적 변화에 대응하고자 한 것이다.

셋째, 추구하는 인재상이 변화하였다. 세계 금융위기가 도덕성의 중요성을 새롭게 각인시키면서 2009년 교육과정은 '창의인성교육'을 교육 목표로 제시하고 '창의인성'적 인재를 양성하고자 하였다. 그러나 2015년 교육과정에서는 '인성' 대신에 '융합'이 강조되었으며, '창의융합형' 인재가 새로운 인재상으로 부상하였다. 정보화 시대에 이어 제4차 산업혁명을 선도할 수 있는 새로운 인재상이 요구된 것이다.

넷째, 새로운 인재상에 발맞추어 교육과정의 구성도 새롭게 조정되었다. 그 하나는 학습량의 적정화이며, 또 하나는 선택학습의 강화이다. 지식교육이 무의미하다면 지식 전달을 주된 내용으로 삼았던 각 교과의 내용은 전면적으로 수정될 수밖에 없다. 교과서 내용은 대폭 줄어들었으며, 그 자리를 대신한 것은 토론, 상황극, 협업수업 등 체험 중심의 활동수업이었다. 개정교육과정에서 강조하는 자유학기제의 도입과 확대, 진로체험학습의 증대는 교과서 내용의 축소와 더불어 지식교육의 쇠락을 보여 주는 또 하나의 특징이라 할 수 있을 것이다.

이상, 2015년 개정교육과정의 특징을 간략히 소개하였다. 다음에는 이러한 개정교육과정의 특징이 어떻게 도덕교과에 반영되었는지를 살펴보겠다.

② 개정 후 도덕교과의 변화와 특성

교육 목표와 교육과정의 구성이 변화함에 따라 도덕교과 또한 그 구성이나 내용이 수정될 수밖에 없다. 그 변화를 간단히 정리하면, 첫째, 개정교육과정에서는 여섯 개의 핵심역량을 교과 차원의 교과 역량을 통해 구현하고자 했는데, 특히 도덕교과에서는 '자기존중과 관리능력', '도덕적 사고 능력', '도덕적 대인관계 능력', '도덕적 정서 능력', '도덕적 공동체 의식', '윤리적 성찰 및 실천 성향' 등 여섯 개가 교과 역량으로 제시되었다. 이 여섯 개의 교과 역량은 기존의 도덕교과가 추구했던 목표와 크게 다르지 않다. 단, 차이가 있다면 이 개정교육과정에서는 '교수학습 및 평가 방법의 개선'을 통해 학생들이 수업에서 실질적으로 역량을 함양할 수 있도록 명시하였다는 점이다. 지식 전수자로서의 교사 역할이 축소되었음에도 불구하고, 교사의 역할은 여전히 강조되고 있음을 알 수 있다. 아니, 오히려 교사에게는 이전보다 더 강력하게 창의적 아이디어와 수업 방식의 개선이 요구된 것이다.

둘째, 당연한 추이겠지만 내용 면에서는 지식적인 요소가 대폭 축소되었고, 그 공백은 활동수업으로 채워졌다. 도덕과 활동수업으로는 다양한 학생 참여형 수업 모델이 개발되고 있지만, 토론수업과 상황극이나 역할극, 일기 쓰기 등 공감 능력과 자기성찰 능력의 향상이 주를 이룬다.

셋째, 개정 전 도덕교과와 마찬가지로 도덕 교과서는 현실적 도덕 문제를 교과 내용 속에 포섭하여 현실 문제에 대응하게 하는 한편, 미래를 살아가는 힘을 길러 주고자 하였다. 따라서 교과서의 기술 방식 또한 내용의 단순 서술이 아니라 문제 제기 형태를 취하고 있으며, 학생들로 하여금 현실 문제에 직면하여 스스로 해답을 모색할 수 있도록 하였다. 또한 서술 방식뿐 아니라 교과서가 다루는 주제도 우리 사회가 직면한 도덕 문제를 주로 하였는데, 그 대표적인 것으로 갈등 해결과 학교폭력, 통일 문제, 환경 문제, 정보화 사회의 대응 방식 등을 꼽을 수 있다.

다음에는 절을 바꾸어 이러한 개정교육과정의 특성을 도덕 교과서 분석을 통해 구체화하기로 한다.

개정 전후 도덕 교과서를 통해 본 도덕교육의 특성과 한계

중학교 도덕 교과서는 '도덕'의 의미를 '인간으로서 지켜야 할 마땅한 도리'라 규정하고 이를 인간다움의 핵심이라 강조한다. 도덕교과가 인간다움, 더 나아가 인간다운 삶을 살 수 있도록 가르치는 교과라면 거기에는 시대의 변화에도 일관되게 강조하는 '불역(=常)'의 요소가 있을 것이다. 그 '불역'의 요소를 염두에 두면서 먼저 개정 전후 교과서의 차이점에 주목해 보자.

① 개정 도덕 교과서의 특징과 의의

논의의 편의를 위해 먼저 도덕 교과서 『도덕1』, 『도덕2』의 구성과 내용을 도식화하고, 이를 바탕으로 개정 전 교과서와의 차이점을 중심으로 그 특징을 정리해 보겠다. 여기서 사용한 도덕 교과서는 개정 전 교과서는 2013년 '천재교육'에서 출판된 것이며, 개정 후 교과서는 2018년 '천재교과서'에서 출판된 것이다.

〈표 1〉『도덕1』, 『도덕2』의 구성

	대단원	소단원	대단원	소단원
도덕 1	I. 자신과의 관계	1. 왜 도덕적으로 살아야 하는가?	III. 사회공동체와의 관계	1. 인권의 도덕적 의미는 무엇인가?
		2. 도덕적으로 행동하기 위해 필요한 것은 무엇인가?		2. 다문화 사회에서 발생하는 갈등을 어떻게 해결할 것인가?
		3. 나는 어떤 사람이 되고자 하는가?		3. 세계 시민으로서 도덕적 과제는 무엇인가?
		4. 삶의 목적은 무엇인가?		
		5. 행복을 위해 어떻게 살아야 하는가?		
	II. 타인과의 관계	1. 가정에서의 갈등은 어떻게 해결할 것인가?		
		2. 참된 우정이란 무엇인가?		
		3. 성의 도덕적 의미는 무엇인가?		
		4. 이웃에 대한 바람직한 자세는 무엇인가?		
도덕 2	I. 타인과의 관계	1. 정보화 시대에 우리는 어떻게 소통해야 하는가?	III. 자연 초월과의 관계	1. 자연과 인간의 관계는 바람직한가?
		2. 평화적 갈등 해결은 어떻게 가능한가?		2. 과학기술과 도덕의 관계는 무엇인가?
		3. 폭력의 문제를 어떻게 대할 것인가?		3. 삶과 죽음의 의미는 무엇인가?
				4. 마음의 평화는 어떻게 이룰 것인가?
	II. 사회공동체와의 관계	1. 국가 구성원으로서 바람직한 자세는 무엇인가?		
		2. 정의란 무엇인가?		
		3. 북한을 어떻게 이해하고 바라볼 것인가?		

〈표 1〉을 통해 알 수 있듯이, 『도덕1』, 『도덕2』의 내용은 단절된 것이 아니라 연동되어 있다. 단, 개정 전 도덕 교과서가 '나 → 타인 → 공동체 → 자연·생명·과학·문화 / 인간 → 청소년 → 사회와 국가 → 평화로운 삶과 인간의 이상'으로 구성되어 『도덕1』과 『도덕2』가 '나선형 구조를 이루며 내용을 심화시켜 가는 형태를 취했던 것에 반해, 개정 후 도덕 교과서는 '타인과의 관계, 사회공동체와의 관계'가 『도덕1』과 『도덕2』의 공통 요소로 중앙에 배치되고, 『도덕1』의 처음에 '자신과의 관계'를, 『도덕2』의 마지막에 '자연 초월적 존재'를 각각 배치하여 전체적으로 '자신 → 타인 → 사회공동체 → 자연 초월적 존재'로 확대되어 가는 형태를 취하고 있다.

　그것은 얼핏 보면 '나'에서 보다 '큰 나'로 확대하여 간다는 점에서 '수신제가치국평천하(修身齊家治國平天下)'라고 하는 『대학(大學)』의 구조를 연상시킨다. 예를 들면, 단원 I '자신과의 관계'에서는 도덕적 존재로서의 자신을 성찰하도록 하였는데, 이는 말 그대로 '수신'에 해당한다고 할 수 있기 때문이다. 더구나 개정 교과서는 개정 전 교과서와 달리 각 단원명에 '관계'라는 말을 부언하였는데, 이는 도덕교과가 개체로서의 '자기 종결적 삶'이 아니라 '관계' 속에서 자신의 삶을 구현하도록 하였음을 시사한다. 이 문제에 관해서는 장을 바꾸어 다시 논의하겠지만 전통 사상과 서구 사상이 서로 대비되며 이분법적 구조를 취하던 개정 전 교과서에 비해 개정 교과서는 양자를 통합적으로 파악했다고 평가할 수 있을지도 모르겠다.

　예를 들면 개정 전 도덕 교과서는 '정의'라는 개념을 설명하면서 다음과 같은 구조를 갖추고 있다. 이는 다른 개념의 설명에서도 거의 유사하다.

소단원	소제목	내용
사회정의란 무엇인가?	정의의 의미	〈유학에서의 정의〉 -인간이 타고난 덕성의 하나로 옳음을 의미하므로 모든 인간이 마땅히 따라야 할 행동의 기준 -공자 "이익을 보면 의를 먼저 생각하라" 〈서양에서의 정의〉 -각자에게 정당한 그의 몫을 주는 분배의 기준 -분배의 대상으로는 명예, 물질적 부, 권리와 자유, 기회 등 〈현대에서의 정의〉 -분배의 규칙이 누구에게나 똑같이 공평하게 적용되는 것

다음으로 개정 전 도덕 교과서는 전체 4단원으로 구성되었는데, 개정 교과서는 전체 3단원으로 조정되면서 각 내용이 재배치되었으며, 지식적인 요소 또한 대폭 축소되었다. 활동 중심 수업과 과정 중심 평가, 그리고 교사 재량권이 강화된 결과라 할 수 있을 것이다.

그러나 내용의 축소에도 불구하고 개정 전후 도덕 교과서가 다루고 있는 주제에는 거의 변함이 없다. 도덕교과가 학생 자신과 우리 사회가 당면한 문제를 주된 내용으로 선별함으로써 현실과 유리되지 않은 도덕교육을 실시하고자 한 것이 그 원인이라 할 수 있을 것이다. 청소년기 학생이 직면한 문제, 그리고 사회가 요구하는 과제, 그 위에 도덕교과 본래의 취지를 설명하고 각인시키는 도덕의 본질에 대한 물음, 이 내용들이 도덕교과의 주류를 형성할 수밖에 없는 만큼 도덕 교과서의 내용 또한 큰 변화를 수반할 수는 없었을 것이다.

참고로 개정 전 도덕 교과서의 내용을 도식화하면 다음과 같다.

	대단원	소단원	대단원	소단원
도덕 1	I. 나의 도덕과 삶	1. 도덕의 의미	III. 공동체적 삶과 도덕	1. 인간의 존엄성과 인권
		2. 삶의 목적과 도덕		2. 문화의 다양성과 도덕
		3. 도덕적 성찰		3. 분단의 배경과 통일의 필요성
		4. 도덕적 실천		4. 바람직한 통일의 모습
	II. 더불어 사는 삶과 도덕	1. 가정생활과 도덕	IV. 자연·생명· 과학·문화와 도덕	1. 환경 친화적인 삶
		2. 친구관계와 도덕		2. 삶의 소중함과 도덕
		3. 사이버 윤리와 예절		3. 과학 기술과 도덕
		4. 이웃에 대한 배려와 상호 협동		4. 문화와 도덕
도덕 2	I. 인간과 도덕	1. 인간 존재의 특성	III. 정의로운 사회와 국가	1. 사회정의와 도덕
		2. 자율과 도덕		
		3. 도덕적 자아상		2. 개인의 도덕적 삶과 국가의 관계
		4. 공부와 진로		3. 국가 구성원으로서 바람직한 자세
		5. 도덕적 탐구		4. 세계화 시대의 우리의 과제
	II. 청소년과 도덕	1. 타인 존중의 태도	IV. 평화로운 삶과 인간의 이상	1. 마음의 평화와 도덕적 삶
		2. 평화적 해결과 폭력예방		
		3. 청소년 문화와 윤리		2. 이상적인 인간과 사회

② 제4차 산업혁명 관련 기술과 도덕교육의 한계

정보화 시대는 지식 중심 수업의 의미를 퇴색시켰고, 그 결과 도덕 교과서 내용의 축소, 활동 중심 수업의 확대 등 교육과정에 몇 가지 변화를 가져왔다. 하지만 그 내용이 축소되었을 뿐, 도덕 교과서가 다루고 있는 내용은 개정 전 교과서와 별 차이가 없었다. 그것은 인공지능, 생명공학, 나노기술로 대표되는 제4차 산업혁명과 관련된 기술에서도 마찬가지였다.

참고로 다음에 제4차 산업혁명과 관련된 개정 전후 도덕 교과서의 내용을 소개해 두기로 한다. 〈표 2〉는 개정 후, 〈표 3〉은 개정 전으로, 개정 전후 교과서 내용에서 질적인 차이는 거의 보이지 않는다.

〈표 2〉 개정 후 제4차 산업혁명 관련 기술

단원	소단원	내용
I. 타인과의 관계	정보통신 기술이 바꾼 인간의 삶	• 인터넷 -일상생활의 일을 편리하게 할 수 있을 뿐 아니라 시간과 공간의 제약에서 벗어나 전 세계 사람들과 각종 정보를 교환할 수 있다. • 가상현실 기기 -새로운 체험이 가능하다. • 스마트폰 -여가를 즐길 수도 있고, 정보를 생산해 낼 수도 있다. • 착용하는 스마트 기기 • 자율주행 자동차 • 인공지능 -날씨 예측을 비롯하여 건강관리, 자율주행 자동차, 개인 비서 등 다양한 분야에서 활용할 수 있다.

Ⅲ. 자연 초월과의 관계	2. 과학기술과 도덕의 관계는 무엇인가?	1. 과학기술은 인간의 삶을 어떻게 바꾸었나?	**드론의 활용 분야와 문제점** -드론은 무선 전파를 이용해 조종할 수 있는 비행기나 헬리콥터를 말한다. 처음에는 군사 용으로 널리 쓰였지만 현재는 활용 분야가 넓어져 항공 촬영, 산림감시, 농약 살포, 재 난 구조 등 다양한 용도로 쓰인다. -드론이 고장이 나거나 추락할 경우 사람들 이 다칠 수 있고, 드론을 테러에 사용할 경 우 큰 인명 피해가 발생할 수 있다.
		2. 과학기술은 모든 문제를 해결할 수 있는가?	**증강현실의 빛과 그림자** -증강현실은 현실 세계에 3차원 가상 물체나 정보를 결합하는 기술이다. -얼굴이나 사는 곳과 같은 사생활 관련 정보가 유출되거나 연락처나 주민번호와 같은 개인 정보가 악용되는 문제가 발생할 수 있다.
		3. 과학기술에 책임이 필요한 이유는 무엇인가?	**군사 로봇 개발에서 고려해야 할 윤리적 문제들** -'무고한 민간인이 다칠 수 있어도 전투 로봇 에게 명령을 내리는 것이 정당화될 수 있는 가?', '전투 로봇에게 즉각적인 현장 대처 권한을 줄 수 있는가?'
	우리 생활 속에 자리 잡은 다양한 로봇들		**가사 로봇**: 음식을 만들거나 청소 등을 대신하 는 로봇 **소방 로봇**: 소방관을 대신하는 로봇 **우주탐사 로봇**: 다른 행성을 탐사하는 로봇 **자동차 제조 로봇**: 자동차공장에서 일하는 로봇 **군사 로봇**: 군인을 대신하거나 도와주는 로봇 **수술 로봇**: 의사를 대신하거나 도와주는 로봇 **학습보조 로봇**: 현장에서 교사를 보조하는 로봇

〈표 3〉 개정 전 제4차 산업혁명 관련 기술

	단원	소단원	내용
도덕 1	Ⅳ. 자연 생명 과학 문화와 도덕	1. 과학기술이 현대인의 삶에 끼친 영향	로봇에도 윤리가? -아시모프의 로봇 3원칙 〈바이센테니얼 맨〉 -인간과 로봇은 과연 차이가 있는 것일까? -인간의 외모나 신체 작동 원리만이 아니라 감정까지 닮은 로봇이 있다면 우리는 이를 도구로 여겨야 할까?
		2. 과학기술의 가치중립성과 과학자의 사회적 책임	과학자의 사회적 책임 -아인슈타인의 핵무기 개발
도덕 2	Ⅳ. 평화로운 삶과 인간의 이상	3. 이상적 인간과 이상 사회를 위한 노력	억압과 통제의 '나쁜 미래' 디스토피아, 지금 우리 사회는? -〈원더풀 데이즈〉: 핵전쟁 -〈매트릭스〉: '매트릭스'라는 프로그램에 따라 인간은 평생 1999년의 가상현실을 살아감 -〈인타임〉: 부자는 영생을 누리고 가난한 사람은 죽거나 착취를 당하는 세상

개정 교과서에서 제4차 산업혁명과 관련된 내용은 『도덕2』의 Ⅰ단원, '정보화 시대, 우리는 어떻게 소통해야 하는가?'와 단원Ⅲ, '과학기술과 도덕의 관계는 무엇인가?'에 기술되어 있다. 중학생을 대상으로한 것이라 하더라도, 이 두 단원에서 급격한 기술혁신이 가져올 사회변화에 대한 기대나 우려는 감지되지 않는다. 아니, 여기에는 기술적측면에서의 발전양상을 소개하고 있을 뿐, 그 기술이 가져올 사회 변화나 대비에 대한 내용은 없다. 특히 『도덕2』가 국가, 사회정의, 인권, 세계시민 등을 주요 과제로 삼고 있다는 점을 고려한다면 불충분한기술이라 하지 않을 수 없을 것이다. 제4차 산업혁명이 가져올 기술혁

신은 국가관이나 사회정의와 같은 가장 기본적인 가치관에도 영향을 미칠 것이기 때문이다.

물론 2000년대에 들어서 도덕 교과서는 과학자의 도덕성, 과학기술의 위험성을 제시하며 과학기술의 발전이 사회에 미칠 파장을 강조해왔다. 즉, 2009년 개정교육과정 이전에도 핵무기의 위험성, 복제인간의 비도덕성 등을 비롯하여, 사회적으로 이슈가 된 과학기술을 도덕적 관점에서 검증해 왔으며, 제4차 산업혁명이 본격화되기 시작하는 2015년 개정 후 도덕 교과서는 인공지능 로봇, 드론, 증강현실, 3D프린터 등을 싣고 그 위험성을 경고하고 있다.

그러나 〈싱귤래리티〉가 과학기술 분야의 중요한 의제로 등장하고, 기술혁신이 가속화되고 있는 지금의 상황을 고려할 때, 개정 도덕 교과서의 기술 내용은 현실을 충분히 반영하고 있지 못하다는 느낌을 준다. 더구나 뇌 과학의 발달과 트랜스 휴먼의 등장으로 도덕무용론마저 제기되고 있는 현 상황을 생각하면 더 부언할 필요도 없을 것이다.

실제로 지금 아이들과 고민해 보아야 할 문제는 인공지능 로봇의 소개나 그로부터 파생되는 지엽적인 문제들이 아니라 낙관론과 비관론을 포함한, 제4차 산업혁명이 가져올 새로운 미래에 대한 보다 거시적인 시각이다.

〈표 3〉을 통해 짐작할 수 있듯이, 그런 의미에서 미래 사회에 대한 거시적인 시각을 제공하고 있는 것은 오히려 개정 전 교과서일지도 모른다. 개정 전 교과서는 로봇과의 사랑을 소재로 한 영화 〈바이센테니얼 맨〉을 소개하고 있으며, 로봇 윤리 등을 생각해 보게 하고, 과학기술이 만들어 낸 유토피아와 디스토피아를 동시에 상상해 보도록 하였다. 오히려 이것이 지금 우리가 생각해 보아야 할 주제가 아닐까?

하지만 도덕 교과서뿐 아니라 전 교과 전반에 걸쳐 제4차 산업혁명의 특성을 체계적으로 소개하거나 미래 사회를 고민하게 하는 내용은 그다지 보이지 않는다. 도덕교과 외에 제4차 산업혁명을 다루고 있는 교과서는 『기술·가정1』인데, 그 내용 또한 정리하면 대략 다음과 같다.

〈표 4〉『기술·가정1』의 제4차 산업혁명 관련 기술

단원	중단원	소단원	내용
IV. 기술의 발달과 생활	1. 기술의 발달	3. 정보통신 기술이 바꾼 인간의 삶	1. 미래에 새롭게 등장할 기술 -사물인터넷, 무인 자동차 2. 미래 기술의 등장으로 직업은 어떻게 변화할까? -미래에 사라질 직업, 미래에 유망한 직업 *자율주행, 이것을 가능하게 하는 기술
V. 발명과 표준	2. 발명 아이디어의 실현	2. 지식재산권과 특허	2. 특허는 왜 중요할까? -애써 한 발명을 다른 사람이나 기업에서 모방하거나 이용하면 발명자가 손해를 입게 되므로 권리를 인정해 주는 것
		3. 아이디어와 발명 기법	사람들이 원하는 발명은 무엇일까? -발명이 꼭 최고의 기술일 필요는 없다. -사람이 원하는 발명이어야 한다. -실현 가능하고 지속 가능한 적정 기술이면 더 좋다.
	3. 기술의 이용과 표준	2. 표준화의 영향	미래 사회와 표준 -미래 사회는 생산자와 소비자가 사라지며 정보통신 기술을 기반으로 한 스마트 공장이 보편화될 것이라 예상된다. 이러한 사회 변화에 발맞추어 새로운 표준을 만드는 작업도 활발하게 진행되어야 한다.

			미래의 제조 기술은 어떻게 발달할까? -3D프린터의 확대 -신소재 개발 -빅데이터와 정보통신 기술이 융합된, 사물인터넷과 인공지능 기술로 대표되는 4차 산업혁명이 제조 기술을 이끌 것이다.
Ⅶ. 생산기술의 세계	1. 제조 기술의 이해	3. 제조기술의 발달	생활을 편리하게 할 다양한 로봇 -청소용 로봇, 사람의 감정을 읽고, 인간과 유사한 모습을 가진 서비스용 로봇, 인공지능 로봇

과목의 특성에 맞게 『기술·가정1』은 과학기술적 측면에서 새로운 기술과 결과물을 소개하고 있을 뿐, 여기서도 새로운 과학기술이 만들어낼 변화된 사회의 모습이나 인간의 구체적인 삶에 대한 언급은 없다.

유발 하라리는 『21세기를 위한 21가지 제언』에서 오늘날 아이들이 배우는 것의 대부분은 2050년에는 소용이 없어질 가능성이 크다고 하면서, 지금 아이들에게 필요한 내용은 정보를 이해하는 능력이고, 중요한 것과 중요하지 않은 것을 구분할 수 있는 능력이며, 무엇보다 수많은 정보 조각들을 조합해서 세상에 관한 큰 그림을 그릴 수 있는 능력이라고 하였다(유발 하라리, 2018: 390-391).

지금이야말로 유발 하라리의 제언을 심각하게 생각해 보아야 할 때인지도 모른다. 단, 하라리는 여기서 미래를 통찰하는 '능력'을 말할 뿐, 그 능력을 발휘하는 주체, 특히 지금 이 글이 문제 삼고 있는 '마음'에 관해서는 말하지 않았다. 설령 미래를 통찰할 수 있다 하더라도 그가 추구하는 것이 자기 욕망의 충족이고, 실현이라면 여전히 우리에게 미래는 없기 때문이다. 이 문제에 대해서는 장을 바꾸어 논의하도록 하겠다.

3. 새로운 도덕교육과 마음교육

개정 전후 도덕 교과서를 비교해 본 결과, 학습량이 줄어든 것을 제외하면 구성이나 내용면에는 큰 변화가 없다는 사실을 확인할 수 있었다. 기본적으로 전후 교육과정이 모두 '정보화 시대'를 염두에 두고 기술된 것이 가장 큰 이유일 것이다.

그런데 정보화 시대가 아니라 하더라도 도덕의 내용이 크게 달라질 수 있을까? 물론 대통령에게는 무조건 '각하'라는 존칭을 붙여야 한다고 가르치고, 나라는 부모와 같아서 내 나라가 아무리 싫어도 충성할 수밖에 없다고 가르치던 시절이 있었다. 더 먼 옛날에는 무장공비에게 입이 찢겨 죽은 '이승복 어린이'의 이야기를 가르치기도 했다. 하지만 그것은 시대의 협잡일 뿐 도덕교과가 일관되게 주장했던 것은 아니다. 그렇다면 반공교육에서 시작한 도덕교과가 문민정부를 거쳐 정보화 시대에 이르기까지 일관되게 강조해 온 것은 무엇인가?

다음에는 교육과정의 몇 차례에 걸친 개정에도 불구하고 우리 교육이 결코 일관되게 강조해 온 것, 우리 교육의 기저에 있는 '자아실현'의 가치를 중심으로 도덕교육의 한계와 전망에 대해 고찰해 보자.

새로운 도덕교육

먼저 다음 인용 글에 주목하고자 한다. 이 글은 다카하시 교수의 「전통 도덕교육사상의 재형성」에서 인용한 것이다.

'자기실현'이라는 개념은 현대 도덕교육의 논의에 있어서 중요한 위치를 차지해 왔는데 개인으로서 자기의 능력이나 개성을 최대한 살리는 것을 지향한다. 그 때문에 '자기실현'이라는 개념은 인간의 자기 형성을 자타관계, 사회질서, 자연적 세계 형성과의 관계 속에서 포착하고자 하는 답신의 전체적인 구도에 있어서는 이질적인 요소로 보인다.

일본은 2013년 교육재생실행회의에서 도덕교육의 추진을 주문한 이후, '특별교과'로 학교현장에 도입된 도덕은 2018년부터 초·중등학교를 시작으로 정식 교과로 실시되게 되었다.

1995년에 발생한 고베 아동살인사건을 계기로 1997년 제16기 중앙교육심의회에서 「유아기부터의 마음교육의 필요성」을 자문하였고, 그 결과 2002년에는 「마음교육(心のノート)」이 초·중등학교에 배포되었으며, 학교현장에서 마음교육이 실시되었다(이승연, 2014: 233-239). 그러나 지금 일본에서는 마음교육이 학교현장에서 사라졌으며, 그 자리를 도덕교육이 대체하게 되었다.

'마음'이라는 개념의 다의성과 모호성, 서구의 주관적 심리주의에 기초한 마음교육의 한계가 거센 비판에 직면하면서 이제 도덕교육이 마음교육을 대체하게 되었지만, 그러나 다카하시 교수의 지적처럼 '마음'이라는 개념이 그렇게 간단히 배제될 수 있는 것일까? '마음'에는 극히 다양한 힘이 내재되어 있다. 도덕이라는 것도 결국은 이 마음의 문제이며, 타자와의 관계, 사회인으로서의 책무, 그리고 자연과의 합일에 이르기까지 그 기초에 있는 것은 마음이다.

우리 도덕교육에는 처음부터 '마음'이 배제되었다. 서구의 '근대' 정신을 충실히 계승한 당연한 결과겠지만, 그 마음을 대신하여 도덕교육에서 일관되게 강조해 온 것은 이성의 힘이며, 자아정체성의 확립이고, '자아실현'이었다. 개정 전 도덕 교과서는 자아실현을 다음과 같이 정의하고 있다.

자아실현이란 자신의 잠재능력을 최대한으로 발휘하면서 자신이 소중하게 여기는 가치를 추구하는 것을 의미한다.

자아실현을 하는 삶과 선한 삶이야말로 잘 사는 것이며, 그것은 동시에 행복한 삶이다. … 자아실현을 하려면 무엇보다 우리가 정말 하고 싶은 일이 무엇인지 탐색하고, 그것을 이루기 위한 구체적인 목표를 세우고 실천해야 한다.

어떻게 사는 것이 잘 사는 삶인가? 도덕 교과서는 그것은 자아를 실현하는 삶이라고 하였고, 그런 삶을 살기 위해서 먼저 자신이 원하는 것이 무엇인지, 즉 자신의 '욕망'이 무엇인지를 탐색하라고 한다.

개정 후 도덕 교과서에도 '자아실현'은 일관되게 등장한다. 자아실현의 의미를 "자신이 본래 지닌 능력이나 특성을 바람직한 방향으로 개발하여 온전히 실현하는 것"이라 정의한 『도덕1』은 단원 I, '자신과의 관계'에서 '자아실현'은 인간이 추구해야 할 가장 높은 차원의 욕구로서, 내 삶의 바람직한 목적의 하나이며, 또 행복한 삶을 살기 위한 가장 중요한 조건이라 하였다. 또 단원 III, '사회 공동체와의 관계'에서도 자아실현은 양성평등을 이루어야 하는 중요한 근거로 설정되어 있는데, 말하자면 '자아실현'은 행복한 삶, 가치 있는 삶, 공정한 사회 건설의 기반으로 제시되어 있는 것이다.

결국 자아를 실현하는 삶이란 자신의 '능력'과 자신의 '욕망'을 자각하는 것이며, 그것을 실현하여 가는 삶이다. 그러나 자신의 '능력'을 개발하여 실현하는 것, 정말 그것이 인간이 추구해야 할 가장 궁극적인 목표이며, 가치 있고 행복한 삶을 살기 위한 조건이란 것일까? 도덕 교과서는 또 자아실현을 위해 '자아'를 찾고 '자아 정체성'을 확립하라고 한다. 과연 자아는 찾고 확립해야 하는 것일까? 다카하시 교수의 주장처럼, 자타관계, 사회질서, 더 나아가 자연적 세계 형성의 관계 속에서 자기를 형성하려고 할 때, 오히려 자아란 실현해야 할 어떤 것이 아니라 무화(無化)의 대상이 아닐까?

앞 장에서 논의했듯이, 도덕 교과서는 도덕의 의의에서부터 삶의 목적, 행복의 문제, 가정·이웃·사회·국가, 그리고 현재 우리사회가 직면하고 있는 여러 가지 사회문제, 끝으로 초월적 존재, 자연과의 합일 등에 이르기까지 도덕적 관점에서 주목할 만한 과제들을 광범위하게 다루고 있다.

1963년 제2차 교육과정에서 처음으로 반공·도덕생활영역이라는 이름으로 첫발을 내디딘 도덕교과가 1980년대 이데올로기 교육을 거쳐 오늘날에 이르기까지, 도덕교과는 시대의 부침을 겪으며 인성교육의 중심 교과로 거듭났다. 비록 주당 시간이 감소되고, 고등학교 윤리 과목이 선택과목으로 전환되는 등 교과의 위상은 약화되었을지 모르지만, 교과서의 내용이나 구성에서는 괄목할 만한 발전을 이루었으며, 체계나 충실성에서도 부족함이 없다고 할 수 있을 것이다.

단, 문제는 다카하시 교수의 주장처럼, '나'로부터 자연으로 확대되어 가는 교과서의 구조에 어딘가 어긋나게 보이는 '자아실현'이다. 그것은 '자신과의 관계'에서부터 '자연 초월적 관계'로 확대되어 가는 도덕 교과서의 전체적인 구도 속에서 매우 이질적으로 보인다.

이 이질감을 완화시키려 한 것일까? 2007년 교육과정부터 도덕 교과서는 자아와 더불어 도덕적 자아를 말하고 있으며, 자아정체성의 확립과 더불어 도덕적 자아정체성의 확립을 말하고 있다. 무엇보다 2007년 이전의 도덕 교과서가 '나란 누구인가'라는 물음으로부터 시작되었던 데 반해, 2007년 도덕 교과서는 '도덕이란 무엇인가'로부터 출발하고 있다. 그럼에도 불구하고 도덕교육이 자아실현이라는 가치를 일관되게 주장할 수밖에 없는 것은 우리 교육이 기본적으로 '개인'에 기초한 '근대'의 인간관과 세계관에 기초하고 있기 때문일 것이다.

욕망이 폭주하는 시대, 과학기술의 발달이 오히려 인간을 위협할지도 모르는 시대, 우리 교육이 여전히 욕망의 바탕 위에 편리함과 물질적 풍요를 추구한 근대의 인간관을 고집해도 좋은 것일까? 그것이 이 글에서 이성과 욕망에 기초한 우리 도덕교육이 마음교육으로 대체되어야 한다고 주장하는 이유이다.

일본의 마음교육이 다의적으로 사용되었던 것은 '마음'이라는 개념 자체가 다의적이기 때문이다. 절을 바꾸어 이 글에서 말하는 마음교육의 의미를 분명히 함과 아울러 마음교육이 도덕교육의 대안이 될 수밖에 없는 이유를 검토해 보자.

대안으로서의 마음교육

프랑스의 행위예술가, 생트 오를랑은 자신의 타고난 외모를 거부하고 성형수술의 힘을 빌려 자신의 걸작품을 만들어 내고자 하였다. 그녀는 1990년부터 1993년까지 아홉 번의 성형수술로 얼굴을 변형시키고 그 과정을 생중계하기도 했다(이혜영 외, 2018: 75).

자연으로 주어진 모든 것을 거부하고 자신의 몸을 변형시킬 수 있는 자유, 트랜스휴머니스트들이 주장하는 이 자유는 동시에 욕망이기도 했다. 생명공학기술과 나노기술이 결합하면서 인간은 더 이상 늙지 않고 죽지 않는 시대가 올 것이라고 그들은 말한다. 사이보그 인간, 증강인간, 그리고 마침내 컴퓨터 속에 업로드된 인간까지. 마침내 휴먼은 멸종하고 새로운 휴먼이 등장할 것이라고 포스트 휴머니스트들은 말한다. 그러나 그 끝은 어디일까?

수천 년, 동아시아 세계에도 늙음과 죽음을 거부하는 사람들이 있었다. 진시황에게 불로초를 구하게 했던 사람들, 당나라의 황제들을 수은 중독으로 죽게 만든 사람들, 그러나 그 사람들은 마침내 외단(外丹)으로는 불로장생을 얻을 수 없음을 깨닫고 자연의 정기(精氣)를 자신의 몸속으로 불러들여 내단(內丹)을 만들었고, 그 내단의 힘으로 신선이 되고자 하였다. 그들 또한 단이 완성되면 얼굴색이 바뀌고 피부에 윤기가 돌 것이라 믿었다.

하지만 포스트휴머니스트와 동아시아 도교도 사이에는 분명한 차이점이 있다. 그것은 바로 자연이다. 도교도의 비법은 자연과의 합일이었지만 포스트휴머니스트들은 자연과의 단절이었고 자연을 완전히 정복하고자 하였다. 단, 자연을 어떻게 보든 그들에게 공통점은 '욕망'이다. 인간 몸에 대한 가장 원초적인 욕망, 그 욕망을 그들은 무한대로 추구하려 했던 것이다.

유가 역시 도교도들의 욕망을 완전히 부정하지는 않았다. 성리학의 집대성자, 주희 또한 연명(延命)의 가능성을 믿었으며, 스스로『조식잠(調息箴)』을 지어 연명을 위해 힘썼다. 연명을 원하는 것은 인간의 근원적인 욕망이다. 그러나 그의 연명은 한 개인으로서의 장수에 대한 기원만은 아니었다. 광(匡)에서 목숨이 위태로웠던 공자가 "하늘이 이 문물을 없애려 하지 않을진대 광 사람들이 감히 나를 어찌할 수 있겠는가?"[1]라고 했듯이, 그의 연명은 동시 치국평천하를 위한 것이기도 했다. 위학의 금이 한창일 때 그 또한 도(道)를 위해 하늘이 저를 버리지 않을 것이라 했던 것이다. 그들은 연명을 부정하지 않았지만 그렇다고 연명에 집착하지도 않았다.

그래서였을까? 군자의 기쁨과 즐거움을 읊조리며 시작된 『논어』는 마지막 장 「요왈」에서 명을 말하는 것으로 마무리된다.

명을 모르면 군자가 될 수 없다.[2]

명을 안다는 것은 무엇인가? 그것은 앞서 정이가 말했듯이 한도를 알아서 구하지 않아야 할 명과 구해서 온전하게 해야 할 명이 있음을 아는 것이다. 구해서 온전하게 해야 할 또 하나의 명, 그것을 정이는 다른 말로 '성'이라 한다고 했다.

다음은 『중용』의 첫 장이다.

하늘이 명한 것을 성(性)이라 하고, 성을 따르는 것을 도(道)라고 하며, 도를 닦는 것을 교(敎)라고 한다.[3]

---

1 『논어』, 「자한」, "天之未喪其文也 匡人其如予何".

2 『논어』, 「요왈」, "不知命, 無以爲君子也".

3 『중용』, "天命之謂性, 率性之謂道, 修道之謂敎".

『중용』은 인간의 본성이란 하늘이 명한 것이라 전제하고, 이 본성에 따르는 것을 도라고 하며, 이 도를 닦는 것을 가르침이라고 했다. 인간의 본성은 따라야 하는 것인 동시에 닦아야 할 대상이다. 그렇다면 따라야 하고 닦아야 하는 인간의 본성이란 어떤 것인가?

다음은 학문으로 들어가는 길을 밝힌 것이라 일컬어지는 『대학』의 첫 장이다.

> 대학의 도는 명덕(明德)을 밝히는 데 있으며, 백성을 새롭게 하는 데 있으며, 지극히 착한 것에 머묾에 있다.[4]

학문이란 무엇인가? 그것은 자신의 밝은 덕을 밝히는 것이며, 그 밝은 덕으로 백성을 새롭게 하는 것이다. 이때 밝혀야 하는 명덕, 그것이 바로 인간의 본성이다.

동아시아 사람들에게 삶은 곧 배움이었다. 그러나 그 배움을 통해 그들이 구현하고자 한 것은 '능력'의 개발이 아니었다. 자신에게 주어진 '덕', 바로 그 밝은 덕을 밝히는 것이었다.

송대 주희(朱熹)가 『예기』의 한 편명이었던 「대학」과 「중용」을 독립시켜 『논어』, 『맹자』와 함께 사서 체제로 재편하였던 것은 자신의 밝은 덕에 대한 믿음이 없이는 배움이라는 것이 성립할 수 없다고 판단했기 때문이었을 것이다.

금의 침략으로 나라의 반을 잃어야 했던 남송, 내우외환에 시달렸던 국가의 위기를 목도한 주희가 선택한 것은 교육의 재건이었다. 그러

---

4 『대학』, "大學之道, 在明明德, 在親民, 在止於至善".

나 그 교육은 부국강병을 위한 구체적인 방법을 가르치는 것이 아니라 내 마음의 밝은 덕을 밝히는 것이었다. 그는 그 어떤 것보다 '마음의 힘'을 믿었고, 그 마음의 힘으로 내우외환의 위기를 극복하고자 한 것이다.

무엇이 마음의 힘을 가로막는가? 그것은 욕망이며, 더 근원적으로 '나'라는 것에 뿌리를 둔 욕망이다. 나만이 옳다는 생각, 내가 이겨야겠다는 생각, 내 주장을 관철시켜야겠다는 생각, 심지어 부나 명예를 위한 것이 아니라 하더라도 인간은 '나'라는 것에 집착한다. 그것이 사람들을 고립시켜 각자의 세계 속에 함몰시키고 마침내 사회가 직면한 문제들에 무력하게 하는 것이다. 그러므로 『논어』에서 말한다.

공자는 네 가지를 하지 않으셨다. 억측이나 편견을 갖는 일이 없으셨고, 기필코 해야 한다는 일이 없으셨으며, 무리하게 고집을 부리지 않았고, 자신만을 내세우지 않았다.[5]

기필코 하려 하는 것이 없고, 무리하게 고집을 부리지 않았으며, 자신만을 내세우지 않았다. 그렇게 할 수 있었던 것은 '자기'를 무화시키는 대신에 타자와의 합일을 통해 더 큰 자기를 발견했기 때문이며, 또 더 큰 자기를 통해 하늘이 내게 명한 '명'을 온전히 하려 하였기 때문일 것이다. 그 명은 선한 본성으로서의 명인 동시에 하늘이 내게 내린 명령이기도 했다.

동아시아는 분명 '근대'라는 새로운 시대를 여는 데 실패하였다. 이

---

5 『논어』, 「자한편」, "子絶四, 毋意, 毋必, 毋固, 毋我".

성주의, 개인주의, 그리고 과학기술의 힘을 바탕으로 자연을 정복하고 인류에게 물질적으로 풍요로운 삶을 선사하고자 했던 서구가 세계의 중심이 되었다. 가난했지만 덕성으로 존경받던 동아시아의 세계는 근대 앞에 무너졌고 덕성의 발현을 추구한 동아시아의 교육도 설 자리를 잃었다. '근대'라고 하는 새로운 시대 앞에 동아시아의 가치는 무너질 수밖에 없었으며, 어떤 의미에서는 무너지는 것이 당연했다.

그러나 근대의 끝자락에 선 지금, 근대의 가치가 세계를 지배하며 인류를 불확실한 시대로 이끌고 있는 지금, 우리가 할 수 있는 일은 무엇일까? 인간의 능력을 최대치로 성장시키고, 최대치로 성장한 인간 능력이 이제 인간을 넘어서는 새로운 존재를 창출한 지금, 우리가 할 수 있는 일을 무엇일까?

여전히 인간 이성의 힘을 믿으며, 과학기술의 혁신으로 인류가 더 많은 물질적 풍요를 누릴 것이라 낙관하는 것, 인간의 욕망을 긍정하고 그 욕망을 충족시키기 위해 노력하는 것, 자아를 찾고 자아정체성을 확립하며 자아실현을 위해 노력하는 것, 그런 것들이 여전히 우리 교육의 목표가 되어도 좋은 것일까?

이성의 힘보다는 공감의 힘을 믿으며, 능력보다는 덕성을 찾기 위해 노력하고, 자아를 실현하기 보다는 사랑을 실천하기 위해 노력하는 것, 물질적 풍요보다는 정신적 평안을 추구하며, 나보다는 우리를 위해 노력하는 것, 그것이 이제 우리 교육의 목표가 되어야 하지 않을까? 그것만이 과학기술과 욕망의 시대에 대처할 수 있는 유일한 방법이 아닐까?

4. 마음의 시대, 마음교육

순명(順命)과 역명(逆命)

논의를 끝마치기에 앞서 다음 글을 소개하여 두고자 한다. 이 글은 사이토 가즈노리(齊藤和紀)의 『AI가 인간을 초월하면 어떻게 될까?』에서 인용한 것이다.

다윈의 진화론에 의하면 진화에 목적은 없다. 우연히 돌연변이로 긴 목을 갖고 태어난 개체가 주변 환경에 적응했기 때문에 살아남고 자손에게 자신의 유전자를 계승하게 할 수 있었다는 게 기본적인 생명진화의 메커니즘이다. 인간이라는 생물도 그런 과정을 거쳐서 탄생했다. 앞으로 더욱 진화한다고 해도 '이렇게 되어야 한다'는 목적은 필요치 않다. 결과적으로 환경에 적응한 자가 살아남고 번영을 누릴 뿐이다(사이토 가즈노리, 2018: 158).

여기서 주목하고 싶은 것은 "이렇게 되어야 한다는 목적은 필요하지 않다. 결과적으로 환경에 적응한 자가 살아남고 번영을 누릴 뿐이다"라는 사이토의 결론이다.

이 결론은 동아시아 세계의 순명(順命)을 체득한 사람들에게는 매우 기이한 것으로 보인다. 동아시아 사람들은 인간을 자연의 일부라 믿었고, 그 자연이 준 것을 본성이라 여겼다. 그러나 '구, 목, 이, 비, 사지'의 욕망은 무한히 추구하여 얻을 수 없는 것이기에 이를 명이라 하며,

주어진 명에 따르고자 하였다. 요수(夭壽)와 부귀빈천(富貴貧賤)은 사람들이 가장 좋아하고 또 싫어하는 것이었지만, 순명하고자 하였고, 오히려 순명함으로써 자신의 삶을 완성하고자 하였던 것이다.

사이토는 "환경에 적응하는 자만이 살아남고 번영한다"라고 하였다. 이때 환경이란 자연이 아니라 과학기술의 혁신이 만들어 낸 인위적 환경이다. 그에게는 과학기술이 인간의 명이며, 인간은 이 명을 따를 수밖에 없다. 인간에게는 그 명을 거부하거나 이길 수 있는 방법이 애초부터 존재하지 않았던 것이다. 물론 사이토는 이 명에 순응하는 자에게는 영원한 삶과 물질적 풍요가 기다리고 있을 것이라 생각할지도 모른다.

그런데 과학기술에 종속된 인간, 이미 인간이라 할 수 없을지도 모르는 그 인간이 누리게 될 영생과 물질적 풍요는 대체 어떤 것일까? 우리는 사이토의 주장처럼, 최후의 영생자가 되기 위해 무조건 그 미래를 향해 맹목적으로 달려가야 옳은 것일까?

물론 사이토가 그리는 미래 또한 커즈와일과 마찬가지로 일종의 허구에 불과할지도 모른다. 분명한 것은 설령 미래가 장밋빛이라 하더라도 지금 우리는 '고통'에 직면해 있다는 사실이다. 한쪽이 물질적 풍요와 과학기술의 편리함을 향유하는 동안, 다른 한쪽은 실업과 생활고에 시달리고 있으며 환경오염과 기상이변으로 고통받고 있다. 이 상황은 앞으로 당분간 지속될 것이며 더 악화될 것이다. 더구나 이 고통은 요(夭)와 빈천(貧賤)을 명으로 받아들였던 전통 사회와 달리 명을 거스르며 이루어 낸 엄청난 물질적 풍요 속에서 발생하고 있다. 지금 우리는 아이들에게 무엇을 가르쳐야 할까?

도덕 교과서의 선택은 분명해 보인다. 아이들이 이 문제를 직시하고 스스로 해결책을 모색하도록 하는 것이다. 정보화 사회와 그로부터 파생된 여러 문제들, 문화 갈등, 환경 문제, 사회정의와 공동체 의식, 그리고 그것을 성찰해야 할 도덕의 본질. 도덕 교과서는 매우 다양한 현실 사회의 문제들을 아이들에게 제시하였다.

그 많은 문제의 중심에는 '자아실현'이 있다. 개정 도덕 교과서는 자아실현과 더불어 도덕적 자아의 실현을 강조하기는 한다. 그러나 자아실현이 자신의 '능력'을 발견하여 이를 실현하는 것이며, 자아실현이 인간의 궁극적 가치이자, 행복한 삶의 바탕이라고 규정하는 한, 문제는 달라지지 않는다. 우리는 여전히 자신의 좁은 세계 속에 갇히게 되고, 자신의 욕망을 성찰할 수 없다. 이 욕망의 근원과 이 욕망이 지향하는 것, 그것을 통찰하지 못한다면 우리는 결국 과학기술의 노예가 될 것이며, 스스로 인류의 미래를 개척할 수 없다.

받아들임과 공생의 길

교육이 이처럼 무력했던 시대가 있었을까? 또 학교가 이처럼 그 권위를 잃어버린 시대가 있었을까? 교육이, 그리고 학교가 무력한 것은 학교교육이 실질적으로 아이들의 삶에 도움을 주지 못한다고 아이들 스스로가 판단했기 때문이다.

학교는 불필요한 지식 위주의 수업을 지양하기 위해 수업량을 줄이고 체험과 놀이를 수업 속에 끌어들임으로써 아이들의 흥미를 유발하고자 하였다. 그러나 학교의 놀이는 게임만큼 재미있지 않다. 매 시간 반복되는 토론수업, 역할극, 활동 등은 교사의 지루한 수업을 듣는 것보다는 흥미롭지만 그 또한 권태롭기는 마찬가지다. 아니, 소극적이고 사색하기를 좋아하는 아이들에게는 이 활동수업 또한 새로운 고통이 될 수도 있을 것이다.

학교는 가르쳐야 한다. 수많은 정보를 통해 미래 사회를 예측하고 자신에게 닥칠 위험이 무엇인지를 파악할 수 있도록, 제4차 산업혁명이 무엇을 향해 달려가고 있으며 어떤 세상을 만들려고 하는지를, 그리고 무엇보다 이 모든 것은 결국 인간의 선택이라는 것을.

하지만 미래 사회의 변화를 가르치고, 그 위험을 알리고, 선택을 말하기 전에 우리는 아이를 아이인 채로 온전히 바라봐 주어야 하지 않을까? 전통적인 산업이 해체되고 창의성이 강조되면서, 학교는 진로수업을 확충하고 아이들에게 미래를 끊임없이 고민하도록 한다. 그러나 하고 싶은 일이 무엇인지를 끊임없이 묻는 교사 앞에서 무엇이 하고 싶은 일인지 알지 못하는 아이는 곤혹스럽다. 이제 겨우 열 살 남짓의 아이가 자신이 무엇을 하고 싶은지 어떻게 알겠는가? 그런데도 하고 싶은 일이 무엇인지 발견하지 못한 아이는 자신이 어리석게 느껴진다. 또 하고 싶은 일을 발견한 아이는 자신이 그 꿈을 이룰 수 없을까 두렵다. 그 꿈을 이루기에는 자신이 너무 부족해 보이기 때문이다.

학교는 아이들에게 공부를 하는 것만으로는 미래를 살아갈 수 없다고 말하며, 자신의 재능을 스스로 발견하라고 말한다. 공부를 하는 것만으로도 힘이 부치는데 거기에 자신의 재능을 발견하라는 것이다. 그래서 간혹 자신의 꿈은 유튜버나 프로게이머라고 말하기도 한다. 그 일이라면 잘 알고 재미있기 때문이다. 그러나 그것 또한 쉬운 일이 아니라는 것을 아이도 이미 알고 있다. 우리가 시대의 변화를 이야기하며 아이들을 다그치는 동안, 아이들은 불안하고, 위축되며, 고립감에 빠져든다.

우리가 가르쳐야 할 것은 일이나 재능을 발견하는 일이 아닐지도 모른다. 그보다는 자신의 마음을 들여다보고, 그 마음이 일으키는 온갖 부정적인 것을 이겨 내는 힘, 그리고 삶을 가득 채우는 알 수 없는 신비, 우리가 가르쳐야 할 것은 그런 것인지도 모른다. 무엇이 되려고 굳이 애쓰지 않았는데도, 어느 순간 이미 그것이 되어 버린 이 삶의 신비로움, 어떻게 내게 주어졌는지 알 수 없지만, 어느 틈엔가 내 주위를 서성이는 나의 가족, 나의 친구들, 알지 못하는 사이에 누리고 있는 믿고 사랑하는 삶, 그 신비를 가르치는 일이 더 중요한 일인지도 모른다. 주어진 것을 받아들이며 그것을 깊이 사랑하는 마음의 힘, 그 힘이야말로 우리 교육에서 차지해야 할 '불역'의 영역이 아닐까?

인간이 올바른 길을 선택하기 위해 필요한 것은 '능력'이 아니라 '덕성'이고 사랑이다. 도덕교과가 가르쳐야 할 것은 욕망을 담은 마음이며, 사랑으로서의 본성이다. 그리고 또 나를 압도하는 삶의 신비이다. 학교교육은, 특히 도덕교과는 무엇보다 이 본성과 삶의 신비를 자각하게 하는 교과가 되어야 하며, 자신과 삶에 대한 사랑 속에서 깊이 공감하며 살아가는 법을 가르치는 교과가 되어야만 한다. 그것을 가르치는 교육을 우리는 마음교육이라 부른다.

제3부

마음교육의
연원을 찾아서

제1장
유가 효 사상을 기반으로 한
청소년 마음교육은 어떤 것일까

1. 제4차 산업혁명과 현대 교육 시스템의 붕괴

제4차 산업혁명의 의미

2016년 세계경제포럼(WEF, World Economic Forum)에서 K. 슈밥(Klaus Schwab) 회장은 제4차 산업혁명이라고 하는 다가오는 산업혁신을 새 시대의 화두로 제시했고, 향후 급진적인 사회 대변혁을 예고했다 (Schwab, 2016). 제4차 산업혁명은 AI(인공지능, Artificial Intelligence) 발달을 필두로 해서, 나노기술, 유전공학, 사물인터넷, 클라우드 컴퓨팅, 플랫폼 혁명, 가상현실, 4D 프린터 등을 망라하는 신기술혁명을 지칭한다.

제4차 산업혁명이 시작되었다. 그리고 R. 커즈와일(Ray Kurzweil)이 제시한 수확가속의 법칙에 따라 향후 기술 변화의 속도는 가파르게 빨라질 것이다(齋藤和紀, 2017). 제1차 산업혁명이 중세가 지어 놓은 전현대 사회 시스템들을 붕괴시켜 버렸듯이, 제4차 산업혁명은 모든 현대 사회 시스템들을 무너뜨려 버릴 것이다. 제1차 산업혁명이 전현대의 완성을 위한 혁명이 아니듯, 제4차 산업혁명은 현대의 완성을 위한 혁명이 아니다. 제1차 산업혁명이 새로운 현대 사회의 기술적인 하부구조가 되었듯이, 제4차 산업혁명은 새로운 탈현대 사회의 기술적인 하부구조가 될 것이다(홍승표, 2011c).

신암흑시대인 현대 사회

현시대를 지배하고 있는 정서는 새 시대를 맞이하는 설렘이 아니라 낡은 시대가 무너지는 데 따른 혼란과 두려움이다. 왜 이런 것일까? 문명 대전환기를 살아가는 현 인류가 낡은 현대 세계관을 꼭 붙잡고 있기 때문이다. 낡은 현대 세계관에 고착된 현 인류의 눈으로 바라본 이 시대는 어떤 모습일까? 현대 자본주의 시스템도 붕괴하고, 현대 정치 시스템도 붕괴하고, 현대 교육 시스템도 붕괴하고, 현대 가족 시스템도 붕괴하고, 즉, 세상이 망하고 있는 것이다. 대원군과 19세기 말 유학자들에게 유교 사회가 사회였듯이, 현 인류에게는 현대 사회가 사회인 것이다.

유교 사회는 사회가 아니다. 현대 사회도 사회가 아니다. 유교 사회도 현대 사회도 사회가 아니라 하나의 사회일 뿐이다. 더군다나 현대 사회는 인류 문명의 종착역이 아니다. 현대 사회는 인류 문명의 여정에서 잠깐 스쳐 지나가야 하는 간이역에 불과하다. 현대의 여명기에 계몽 사상가들이 중세 사회를 암흑시대(The Dark Ages)라고 명명했듯이, 탈현대의 여명기에 탈현대 사회학자의 눈으로 바라본 현대 사회는 신암흑시대(The New Dark Ages)이다.

낡은 현대 세계관과 새로운 탈현대 신기술 간의 문명 충돌

현대의 눈으로 바라본 중세 사회는 미신, 비합리적인 신분제도, 여성에 대한 억압, 부자유, 불평등이 만연해 있는 비이성적인 사회, 비합리적인 사회였다. 현대의 눈으로 바라본 중세 사회는 극단적인 빈곤, 전염병의 창궐, 자연재해, 온갖 형태의 무지가 팽배해 있는 고통스러운 사회였다. 18세기 말 영국에서 산업혁명이 발발하고, 1789년 프랑스대혁명이 왕정을 무너뜨리고 공화정을 선포했을 때, 구체제의 꿈에서 깨어나지 못했던 사람들은 탄식했지만, 현대의 비전을 갖고 있었던 지식인과 시민계급은 환호했다.

탈현대의 눈으로 바라본 현대 사회는 극단적인 인간 소외와 자아 확장투쟁으로서의 소외된 삶, 경쟁과 갈등의 증폭, 심각한 환경문제 등 전면적으로 소외된 사회이며, 사랑이 메마른 고통스러운 사회이다. 그런데 제4차 산업혁명이 일어나고, 현대 사회가 빠른 속도로 붕괴하고 있다. 그러나 아무도 환호하지 않는다. 그들은 탄식을 쏟아내면서 무너져 내리는 구체제[현대 사회]를 복구하는 일에 전력을 기울이고 있다.

낡은 현대 세계관과 새로운 탈현대 기술적 하부구조 간의 격렬한 문명 충돌이 일어나고 있는 것이다. 제4차 산업혁명이 일어나고 있다. 제1차 산업혁명이 일어나면서 전현대 농업기술에 기반을 두고 있었던 전현대의 모든 사회 시스템들이 붕괴되었다. 제4차 산업혁명이 일어나면서 인간 노동력에 기반을 두고 있는 현대의 모든 사회 시스템들이 붕괴되고 있다.

제4차 산업혁명과 세계관 전환의 필요성

현대 세계관의 관점에서 보면, 전현대 사회 시스템의 붕괴는 환호할 일이다. 그러나 전현대 세계관의 관점에서 보면, 전현대 사회 시스템의 붕괴는 세상이 망하는 것이다. 탈현대 세계관의 관점에서 보면 현대 사회 시스템의 붕괴는 환호할 일이지만, 현대 세계관의 관점에서 보면 현대 사회 시스템의 붕괴는 세상이 망하는 것이다.

제4차 산업혁명의 결과로 인간 노동에 기반을 두고 있는 현대 사회 시스템의 붕괴가 시작되었다. 제4차 산업혁명으로 명명된 AI(artificial intelligence) 발달을 중심에 두는 신기술혁명은 앞으로 더욱 가속화될 불가역적인 역사운동이다. 이에 따라서, 현대 사회 시스템의 붕괴도 빨라질 것이다. 그러나 이 시대의 지식인과 대중은 여전히 낡은 현대 세계관에 고착되어 있다. 그래서 현대 사회 시스템의 붕괴가 세상이 망하는 것으로 읽히고, 복구를 위한 노력을 경주하고 있는 것이다. 새로운 탈현대 기술과 낡은 현대 세계관 간에 거대한 문명 충돌이 일어나고 있는 것이다.

새로운 탈현대 기술과 낡은 현대 세계관의 충돌 결과는 무엇일까? 19세기 말 조선 유학자들은 낡은 유교 세계관을 고집했다. 조선 유교 사회가 무너지는 것은 인류가 무너지는 것이며, 세상이 망하는 것이라고 생각했다. 그 결과는 한국이 망하는 것이었다. 한국은 일본의 식민지로 전락하는 국치를 경험했다.

그런데 현재의 문명 충돌은 그 규모나 결과의 참담함이 조선 말과는 비교가 되지 않는다. 현재의 문명 충돌은 전 지구적인 차원에서 전개되고 있으며, 만일 충돌이 계속된다면 한 국가나 민족의 차원이 아니라 문명 자체의 종말을 초래할 것이다. 많은 SF 영화들은 이미 그런 참담한 인류의 미래를 그리고 있고, 일반 대중들 역시 암담한 미래를 예감하고 있다.

낡은 현대 세계관과 새로운 신기술혁명이 격렬하게 충돌하고 있다. 충돌이 계속된다면, 인류 문명의 파멸을 가져올 것이다. 이 둘 중 무엇이 바뀌어야 할까? 물론 낡은 현대 세계관이다. 새로운 신기술혁명은 바뀔 수 없고, 바뀌어서도 안 된다. 낡은 현대 세계관으로부터 새로운 탈현대 세계관으로의 전환을 이루는 작업은 문명의 존속과 비약적인 발전을 위한 선결 과제이다.

유교 효 사상과 청소년 마음교육

세계관의 전환은 새로운 탈현대 문명으로 진입하기 위한 마지막 조치일까? 물론 그렇지 않다. 세계관의 전환은 새로운 삶과 문명 건설을 위한 발판을 갖게 되는 것이다. 지금까지는 현대 세계관의 틀 속에서 발전을 추구하지만 저발전을 결과하는 정신병적인 노력을 하고 있었지만, 새로운 노력의 발판으로서의 탈현대 세계관으로의 전환이 이루어지면, 우린 비로소 발전의 추구만큼 발전을 이룰 수 있는 현실적인 노력을 기울일 수 있게 되는 것이다.

그러나 세계관의 전환은 세계의 전환이 아니다. 세계관의 전환은 세계를 바라보는 관점, 즉 생각의 변화일 뿐이다. 세계가 변화하려고 하면, 인류의 존재 차원의 변화, 즉 에고의 존재 차원에서 '참나'의 존재 차원으로의 존재혁명을 이루어야만 한다(홍승표·홍선미, 2012; von Franz, 1983; Tolle, 2008a, 2008b; 홍승표, 2011a, 2011b).

어떻게 존재 변화를 이룰 것인가? 마음공부를 통해서이다. 누가 마음공부의 우선적인 대상이 되어야 할까? 새 시대 건설의 주역이 되어야 할 청소년들이다. 이것이 이 글이 유가(儒家)의 청소년 효(孝) 교육에 관심을 기울이는 이유이다. 유불도(儒佛道)로 대표되는 동아시아 전통 사상은 마음공부의 보고이다. 인류가 탈현대적인 삶과 문명을 향한 노력을 기울이고자 할 때, 인류적인 차원에서 마음공부에 나서고자 할 때, 동아시아 전통 사상은 이를 위해 많은 자원을 제공해 줄 수 있다.

다양한 동아시아 전통 사상 중에서 유가 사상, 유가 사상의 다양한 마음공부의 전통 중에서도 이 글이 효 교육에 논의를 집중하고자 하는 이유는 무엇인가? 그 대답은 이렇다. 첫째, 선방(禪房)과 같이 일상과 괴리된 공간에서의 마음공부보다는 일상생활 속에서의 마음공부가 청소년들에게 더 효과적이다. 둘째, 부모님을 대상으로 하는 효 교육은 청소년의 존재 변화를 촉진시킬 수 있는 마음공부의 적절한 영역이다. 셋째, '나의 존재 변화를 통한 세계변화'를 추구하는 탈현대 문명 건설 방법에서 가족은 나와 세계의 중요한 매개 고리여서, 효 교육을 통한 사랑의 가족 건설이 탈현대 문명 건설에서 중요한 의미를 갖고 있다.

2. 유가 효 사상과 청소년 마음교육

유가 효 사상의 독특성

가족과 효를 사상의 중심에 위치시킨 것은 유가 사상이 유일하다. 유가는 가족을 가장 중요한 삶의 장(場)으로 간주했고, 가족에서 우러나오는 인륜을 사회도덕의 근본으로 상정했다(최석만·이태훈, 2006: 6-7). 또한 효는 인간다운 인간이 되는 근본이었다. 유교적인 관점에서 보자면, 효를 행하지 않고 훌륭한 사람이 된다는 것은 불가능한 일이었다(홍승표, 2016: 7). 효와 가족의 변화가 탈현대 사회로 나아가는 중요 고리가 될 수 있다는 점을 감안하면, 이것은 중요한 탈현대적인 함의를 갖는다.

서구 사상에서는 효와 가족이 철학적인 인식의 대상으로 다루어진 경우가 놀라울 정도로 미미하다(최석만, 2007: 10). 플라톤(Plato, BC 427~BC 347)의 『국가』에서 시작해서 K. 마르크스(Karl Marx, 1818~1883)의 공산사회에 이르기까지, 서구 유토피아 사상에서는 가족의 중요성이 망각되었고, 더군다나 효를 이상 사회의 모습이나 이상 사회를 만들어 가는 원동력으로 인식한 사상가는 전무한 실정이다(홍승표, 2016: 6).

플라톤의 이상 사회는 가족의 존재 자체가 사라진 사회이다. 플라톤의 국가에서는 우수한 유전자를 가진 남성만이 여성과 교합하고, 출생한 아기 중 열등한 아기는 버려지며, 우월한 아기는 사회에 의해 양육된다. 플라톤은 다음과 같이 말한다.

이들 모든 남자의 이들 모든 여자는 공유하게 되어 있고, 어떤 여자도 어떤 남자와 개인적으로는 동거하지 못하게 되어 있다네. 또한 아이들도 공유하게 되어 있고, 어떤 부모도 자기 자식을 알게 되어 있지 않으며, 어떤 아이도 자기 부모를 알게 되어 있지 않다네(플라톤, 2005: 334).

가족의 존재 자체가 사라져 버렸는데, 효 사상이 성립될 여지가 있을 수 없다.

마르크스의 사상에서도 가족의 자리는 거의 없고, 효나 가족이 공산사회의 주요한 풍경도 아니며, 공산사회를 만들어 가는 원동력은 더군다나 아니다. 가족에 대한 헌신이나 부모에 대한 효는 오히려 공산주의 이념이나 공산당 조직에 대한 충성에 비해 턱없이 보잘것없는 것일 따름이다.

플라톤에서 마르크스에 이르기까지 서구 유토피아 사상은 모두 이성에 의해 재단된 사회이다. 이성애(異性愛)나 모성애(母性愛)와 같은 인간의 생물학적인 본성은 존중되지 않는다. 또한 혈육 간의 정이나 따뜻한 가족생활도 그들에겐 중요치 않다. 단지 추상적인 정의나 평등이 구현된 사회, 이것이 서구 유토피아 사상이 공유하는 모습이다. 과연 누가 그들의 이상 사회에 살고 싶어 하겠는가!

서구 사상의 한 축을 담당하는 기독교 사상도 사정은 마찬가지다. 역사적인 기독교가 아니라 기독교 사상의 측면에서 보면, 가족은 사상의 중심이 아니며, 효 사상은 전혀 발달하지 않았다. 오히려 가족의 존재를 하느님에게 다가가는 데 걸림돌로 인식했다. 그래서 하느님께 귀의하고자 하는 신부, 수녀, 수도사들은 가족을 떠나야 했고, 결혼이 허용되지 않았다.

동아시아 전통 사상의 경우에도 유가를 제외하면 사정은 마찬가지다. 불가 사상에서 효와 가족의 자리가 없음은 분명하다. 물론 이것은 역사 속의 불교가 효와 가족을 경시했다는 의미가 아니라 불가 사상 자체를 말하는 것이다. 불가의 경우 출가(出家)가 수행의 출발점이 된다. 가족과의 연을 끊고, 세상과도 인연을 끊은 후에 수행에 들어갔다.

노자(老子)와 장자(莊子)의 도가(道家) 사상에서도 효와 가족을 중시하는 어떤 문구도 찾을 수 없다. 효자가 되는 것은 도인(道人)이 되는 것과 전혀 무관한 일이었다. 도가 사상은 철저하게 효나 가족을 무시했다.

유가만이 효를 중시한 이유

오직 유가 사상만이 효와 가족의 중요성을 강조했다. 왜 이런 일이 벌어졌을까? 유가 사상을 제외하면, 원리주의에 따른 인간과 사회에 대한 기하학적인 재단이 이루어졌고, 이에 따라 이들 사상들은 비현실성을 갖게 된 것이다.

플라톤과 마르크스에게서 기하학적 재단의 축은 '이성'이었다. 그들이 생각했던 인간다운 인간은 이성적인 인간이었고, 살기 좋은 사회는 이성적인 사회였다. 그들의 유토피아는 이성에 의해 재단된 사회였다. 효나 가족은 비이성적인 인간이나 사회의 영역이었고, 이것은 그들의 유토피아에서 중심이 될 수 없었으며, 더군다나 효나 가족을 통해 이성적인 사회에 이를 수는 없는 것이었다.

불가 사상이나 도가 사상에서 기하학적 재단의 축은 '참나'였다. 그들이 생각했던 인간다운 인간은 '참나'를 깨달은 사람이었다. 에고는 물론이고, 이성애나 모성애를 포함한 생물학적인 본능도 재단의 대상이 되었다. 그래서 인간과 사회에 대한 또 다른 비현실적인 유토피아가 생겨나게 되었고, 효와 가족은 그들 사상의 중심에서 배제되었다.

플라톤과 마르크스는 배타적으로 '이성'을 인간다움의 잣대로 삼았고, 불가와 도가 사상은 배타적으로 '참나'를 인간다움의 잣대로 삼았다는 차이점은 있지만, 이 양자가 모두 인간의 특정 부분만을 떼어 내어서 그것을 인간다움의 잣대로 삼은 점은 동일하다. 그리고 이런 특징이 이들이 생각한 이상적인 인간을 비현실적으로 만들게 된 것이다.

유가의 총체적 인간관

유가 사상의 독특한 점은 발을 땅에 딛고 하늘을 지향했다는 점이다. 여기에서 '현실적이면서도 이상적인' 유가 사상의 특징이 나온다. 인간관에서도 그러하다. 유가 사상은 인간의 모든 부분들이 수평적으로 대등한 것이라고 여기지 않았지만, 어떤 부분도 인간에 대한 논의에서 배제하지 않았다. 그 결과 유가의 독특한 '총체적인 인간관'이 등장한다.

인간에겐 존재의 4차원이 있다(홍승표, 2011c). 낮은 순으로 말하면, 생물학적인 존재 차원, 집단 에고의 존재 차원, 개별 에고의 존재 차원, '참나'의 존재 차원이 그것이다. 문명이 발생하기 이전까지 인간에게는 생물학적인 존재 차원만이 존재했다. 문명 발생과 더불어 에고가 생겨났고, 현대 사회가 시작되기 전까지 집단 에고가 헤게모니를 장악했다. 현대 사회가 시작되면서 개별 에고가 헤게모니를 갖게 되었다. 탈현대 사회가 도래하면, '참나'가 헤게모니를 갖게 될 것이다. 그러나 상위 존재 차원이 출현하고 헤게모니를 갖게 되었다고 해서, 하위 존재 차원이 사라지는 것은 아니다.

전현대 인간관에서는 소속 집단에서 자신의 정체성을 찾는 사회적인 존재로서의 인간, 즉 집단 에고를 강조했다. 현대 인간관에서는 개체로서의 자신의 특성에서 정체성을 찾는 개인적인 존재로서의 인간, 즉 개별 에고를 강조한다. 탈현대 인간관에서는 온 우주를 자신 안에 품고 있는 우주적인 존재로서의 인간, 즉 '참나'를 강조한다.

그 결과, 현대 인간관에 바탕을 두고 있는 현대 철학이나 사회관계학들은 두 가지 유형의 인간관을 제시했다. 하나는 R. 데카르트(René Descartes, 1596~1650)에 의해 주창된 '생각하는 존재'로서의 인간, 즉 '이성적인 존재'로서의 인간관이고, 다른 하나는 홉스(Thomas Hobbes, 1588~1679)에 의해 주창된 '욕망을 추구하는 존재'로서의 인간관이다. '욕망을 추구하는 존재'로서의 인간관은 정치학에서는 '권력'을 추구하는 존재로서의 인간으로, 경제학에서는 '이윤'을 추구하는 존재로서의 인간으로, 심리학에서는 '쾌락'을 추구하는 존재로서의 인간으로 자리 잡게 된다.

불가와 도가 사상에는 탈현대 인간관이 강하게 뿌리내리고 있다. 이들은 인간이란 '참나'를 내장하고 있는 존재라고 본다. 불가에서 말하는 '불성(佛性)', '진여(眞如)', '여래장(如來藏)', '진아(眞我)', 도가에서 말하는 '신인(神人)', '진인(眞人)', '대인(大人)' 등은 모두 '참나'를 가리키는 이름들이다. 불가와 도가 사상에서 인간다움을 이룬다는 것은 '참나'를 깨닫는 것을 의미한다.

유가에도 '참나'를 가리키는 이름들이 있다. '성(性)', '명덕(明德)', '인(仁)' 등이 그것이다. 그러나 유가 사상의 독특한 점은 '참나'의 존재 차원만이 아니라 개별 에고로서의 존재 차원, 집단 에고로서의 존재 차원, 생물학적인 존재로서의 존재 차원을 모두 존중한다는 점이다. 즉, 유가 인간관은 인간의 모든 존재 차원을 포괄하는 '총체적인 인간관'을 제시한다.

효 수행의 중요성

유가 인간관에서 '참나'의 존재 차원과 집단 에고로서의 존재 차원이 강조되었다는 점은 부연 설명이 필요하지 않다. 공자(孔子)는 여러 번 이렇게 말했다. "나는 덕을 좋아하기를 여색을 좋아함과 같이하는 사람을 보지 못했다."[6] 물론 이것은 덕을 좋아하라는 가르침이지만, 이 말 속에는 인간의 생물학적 본능인 남녀가 서로에게 끌리는 마음을 사람의 자연스러운 본성으로 수용하는 태도가 담겨 있다. 또한 『논어(論語)』의 여러 구절에서, 음식과 술을 즐기는 공자의 모습이 묘사되어 있는데, 이는 감각적인 즐거움을 용인하는 유가의 입장을 잘 보여 준다. 또한 개별 에고가 갖고 있는 부귀에 대한 욕망도 유가는 수용한다. 벼슬을 구하고 입신양명(立身揚名)하는 데 대해 유가는 부정적인 입장을 취하지 않는다. 맹자(孟子)는 이렇게 말했다. "사람으로서 부하고 귀하게 되는 것을 원하지 않는 사람이 누가 있겠는가!"[7]

유가는 이와 같이 개별 에고의 존재 차원과 생물학적인 존재 차원을 포함해서 인간의 모든 존재 차원을 수긍했다. 그러나 유가가 이런

---

6 『論語』, 「子罕篇」, "吾未見好德如好色者也".
7 『孟子』, 「公孫丑下篇」, "人亦孰不欲富貴".

네 가지 존재 차원을 수평적으로 병렬된 것으로 인식했던 것은 결코 아니다. '참나'의 존재 차원을 제외한 세 가지 존재 차원은 수긍되고 존중되었지만 결코 궁극적인 추구의 대상이 될 수는 없는 것이다. 그래서 공자는 이렇게 말했다. "나라에 도가 있을 때에는 가난하고 천한 것이 부끄러운 일이며, 나라에 도가 없을 때에는 부유하고 귀한 것이 부끄러운 일이다."[8] 또한 맹자는 이렇게 말했다. "배부르게 먹고, 따스한 옷을 입고서, 편안하게 거처하기만 하고, 가르침이 없다면 이것은 금수에 가까운 것이다."[9]

유가가 이상적으로 생각한 인간은 '참나'를 자각하고 실현한 가운데, 나머지 세 가지 차원에서도 적절한 충족이 이루어지는 중용(中庸)적인 존재였던 것이다. 이런 유가적인 입장의 독특한 점은 수행 방법의 독특성으로 이어진다. 유가의 목표는 인(仁)을 이루어 성인(聖人)이되는 것이다. 이런 점에서 유가의 목표는 불가나 도가의 목표와 상통한다. 그러나 '어떻게'라는 질문에 대한 대답은 상반된다. 불가나 도가는 출가(出家)가 수행의 출발점이 된다. 그러나 유가에서 가장 중시한 수행은 가족 내에서의 부모에 대한 효(孝)를 통해서였다.

효를 출발점으로 하는 사회 변화 전략

수신제가치국평천하(修身齊家治國平天下). 이것이 유가가 이상 사회에 도달하는 전략이었다. '나의 변화를 통한 세계 변화'라는 점에서는 유

---

8 『論語』, 「泰伯篇」, "邦有道 貧且賤焉 恥也 邦無道 富且貴焉 恥也".

9 『孟子』, 「滕文公上篇」, "飽食溫衣 逸居而無教 則近於禽獸".

불도 사상의 전략에 공통점이 있지만, 이상 사회를 이루어 가는 데 가족이 중요한 고리 역할을 하는가 여부에는 차이점이 있다. 이것이 유가 사상이 탈현대 사회 건설에 중요한 기여를 할 수 있는 부분이다.

우리는 사회적인 진공 상태에서 탈현대 사회를 건설할 수 없다. 또한 탈현대인이라고 해서 '참나'를 제외한 나머지 세 가지 존재 차원을 갖고 있지 않은 것은 아니다. 총체적인 존재이면서 '참나'의 실현을 추구하는 유가 인간관, 자신과 가족 그리고 사회로 변화의 동심원적인 확대 과정으로서의 '나의 변화를 통한 세계 변화'의 전략, 이 두 가지는 인류가 현대 사회로부터 탈피해서 탈현대 사회에 도달하는 데 커다란 가치를 갖고 있는 유가 사상의 특징이다. 그리고 이 두 가지 특징에 바탕을 둔 유가의 주요 수행법이 바로 이 글에서 다루는 효(孝) 수행이다. 이것이 이 글이 유가 효 수행을 청소년 마음교육의 내용물이 되어야 한다고 주장하는 근거이기도 하다.

효의 두 가지 의미

유가 효 사상을 청소년 마음교육으로 활용하고자 할 때, 선행되어야 할 작업이 있다. 유가 효 사상은 전현대 사회라고 하는 시대 속에서, 또 전현대 가족이란 사회 시스템 속에서 형성되고 발전했다. 이 때문에, 현대의 가족 상황에서는 활용될 수 없는 그리고 활용되어서도 안 되는 전현대적인 요소들이 많이 포함되어 있다.

그래서 유가 효 사상을 오늘날 청소년 마음교육에 활용하려면 효에 대한 분석적인 작업이 필요하다. "효에는 두 가지 종류가 있다. 전현대 사회에서 행해지던 내면화된 도덕률의 발로로서의 효가 있는데, 이를 '효 1'이라고 한다. '참나'의 발현으로서의 탈현대적인 효가 있는데, 이를 '효 2'라고 명명한다"(홍승표, 2016: 9). 탈현대적인 '효 2'에도 두 가지 종류가 있다. 하나는 '참나'를 자각하기 위한 '수행으로서의 효'가 있는데, 이를 '효 2-1'이라고 명명한다. 다른 하나는 '참나'가 발현되는 '낙도로서의 효'가 있는데, 이를 '효 2-2'라고 명명한다.

참나의 발현으로서의 효

다른 모든 윤리적인 행위와 마찬가지로 '효 1'과 '효 2-2'는 외양은 유사할 수 있지만, 효행이 행해지는 메커니즘과 결과는 상이하다. '효 1'의 경우는 내면화된 도덕률이 쾌락을 추구하는 충동을 억압하면서 발현된다. S. 프로이트(Sigmund Freud, 1856~1939)가 내면화된 도덕률인 초자아(Superego)가 이드(Id)를 억압하면서 인간의 도덕적인 행위가 이루어진다고 했을 때, 이것이 '효 1'이 행해지는 메커니즘이다. '효 1'의 경우는 이기적인 충동에 대한 억압을 기반으로 효라고 하는 윤리적인 행위가 일어나기 때문에 후유증이 있다.

'효 2-2'는 '참나'의 발현으로서의 효이다. '참나'는 선한 충동을 갖고 있다. '참나'가 깨어나 활동하게 되면, 선한 충동을 느낀다. 그래서 '효 2-2'가 행해지게 된다. '효 2-2'에는 억압이 없기 때문에 후유증이 없으며, '효 2-2'를 행하는 사람은 기쁨과 행복을 느끼게 된다.

청소년 마음교육으로 활용될 수 있는 효의 의미

'효 1'이 원활하게 행해지기 위해서는 선결 조건이 있다. 하나는 그 사회의 도덕률을 효과적으로 내면화시킬 수 있는 강력한 공동체가 존재해야 한다는 것이다. 다른 하나는 그 공동체가 효를 중요한 도덕으로 포함시켜야 한다는 것이다. 이 두 가지 조건을 잘 충족시킨 사회가 바로 조선 유교 사회이다.

조선 유교 사회에서 효는 윤리의 중핵이었다. 가족이나 마을 공동체 내에서의 사회화 과정을 통해, 효는 강한 에너지를 갖는 인성의 일부가 되었다. 청상과부의 수절이나 여성의 가족에 대한 헌신, 임금에 대한 충성심 등도 효와 동일한 기제 속에서 작용했다. 그리고 이것들은 조선 사회에서 지속적이고 강력한 도덕적인 질서의 원천이 되었다(홍승표, 2016: 7).

그러나 조선 사회의 해체와 더불어 유교 공동체는 붕괴되었다. 유교 도덕률의 내면화가 예전처럼 이루어질 수 없게 되었고, E. 뒤르켐 (Emile Durkheim, 1858~1917)이 말한 아노미(Anomie, 사회적 무규범 상태)가 초래되었다. 전통적인 도덕률이 솟구치는 욕망을 제어하기에는 힘이 부족했다. 이로 인해, 현대 한국 사회에서 '효 1'은 많이 약화되었다. '효 1'이 약화되었을 뿐만 아니라 부모를 내다 버리는 것과 같은 패륜적인 행동이 보도되는 등 불효한 자녀가 전반적으로 증가하고 있다.

언론이나 정치, 교육계에서는 이런 시대 상황에 대한 우려를 표명하고, 도덕적인 질서 회복을 위한 많은 노력을 기울여 왔다. 그러나 전통 사회의 도덕 공동체가 해체된 상태에서 효와 같은 전통 윤리의 회복은 불가능한 일이다. '효 1'을 되살리기 위한 노력은 시효가 다했을 뿐만 아니라 복고적인 것이어서 바람직한 것도 아니다. 인류가 미래 사회 건설을 위해 도움을 받아야 할 유가 사상의 효는 '효 1'이 아니라

'효 2'임을 분명히 해야 한다.

그렇다면 두 가지 유형의 '효 2' 중에서 청소년 마음교육으로 활용될 수 있는 것은 무엇인가? '효 2-1', 즉 '수행으로서의 효'이다. '효 2-1'의 노력을 통해 효를 행할 수 있는 능력이 생겨나면, '효 2-2' '낙도로서의 효'는 저절로 행해지게 되기 때문이다. '수행으로서의 효'에 대한 청소년 마음교육은 청소년의 '참나'를 깨어나 활동하게 하고, 가족을 사랑의 공동체로 만들어 가며, 궁극적으로 사랑의 사회 건설로 이어질 것이다. 이에 따라서, 이 글에서는 '수행으로서의 효'에 대한 청소년 마음교육의 실제를 논의해 보겠다.

3. 수행으로서의 효와 청소년 마음교육의 실제

청소년 마음교육으로서의 효

청소년 마음교육으로 수행으로서의 효의 목표는 무엇인가? 이것은 많은 수행 방법 가운데 하나이다. 모든 수행의 목표는 하나이다. 내 안에 잠들어 있는 '참나'를 깨어나 활동하게 하는 것이 모든 수행의 목표이며, 수행으로서의 효의 목표이기도 하다. 수행으로서의 효는 세대를 가리지 않고 모든 자녀들이 부모님이나 조부모님을 대상으로 할 수 있는 수행 방법이다. 이 글은 한국 청소년 마음교육으로 수행으로서의 효를 논의하는 것이기 때문에, 그 대상이 청소년에 한정된다. 수행으로서의 효가 한국 청소년 마음교육으로 어떻게 행해질 수 있는가에 대해 몇 가지 예시를 통해 논의해 보겠다.

부모님께 관심 기울이기 연습

현대인이 잘할 수 없는 것이 상대편에 대해 깊은 관심을 기울이는 일이다. 현대인의 의식은 자신이 성취하기를 원하는 외부 대상물을 향하고 있기 때문이다. 현대인은 자기 자신에게조차 깊은 관심을 기울이지 않는 경우가 많다. 청소년도 마찬가지다. 에고는 자신의 욕망 충족의 대상물을 제외하면 무관심하다. 그런데 '관심 기울이기 연습'을 해 보면, '어떻게 나는 이렇게까지 부모님에게 무관심할 수 있었지?' 하고, 에고의 꿈에서 깨어나는 계기가 생길 수 있다. '관심 기울이기 연습'은 '참나'를 깨어나게 하는 첫걸음이 될 수 있다.

부모님께 관심 기울이기 연습에 대한 교육은 어떻게 하면 될까? 간단하고 효과적인 방법이 있다. 청소년들에게 생각날 때마다 '부모님은 지금 잘 지내고 계신가?' 하는 질문을 자신에게 던져 보도록 교육하는 것이다. 이 질문을 던지게 되면, 많은 청소년들이 이런 깨우침을 얻게 된다. '너무나 소중한 부모님, 늘 함께 생활하는 부모님께 난 어쩌면 이렇게 무관심했던 걸까?' 이 질문을 자주 던지면서 청소년들은 조금씩 '에고의 꿈'에서 깨어나게 된다.

부모님을 깊이 이해하기 연습

현대인인 청소년은 보통 부모님으로부터 이해받으려고만 하지 부모님을 이해하려고 하지 않는다. 그런데 위에서 언급한 질문을 던지면서, 부모님께 관심을 기울이게 되면서 그때까지 보지 못했던 부모님의 모습에 눈뜨게 된다. 부모님에게 관심을 기울이기 전까지는 부모님이 크고 강한 분들이라고만 생각했었는데, 부모님께 관심을 기울이고 나니 새로운 이해가 생겨난다.

부모님에게도 삶이 무척 힘겨운 것임을 알게 된다. 경제적인 영역에서 미래에 대한 불안이 크다는 것도 알게 된다. 가족을 위해 무거운 짐을 지고 살아가고 계시다는 것을 알게 된다. 김현승 시인은 "아버지의 술잔엔 눈물이 반이다"라고 썼는데, 부모님께 관심을 기울인 청소년은 이 시구를 이해할 수 있다. 부모님은 자신이 생각했던 것처럼 힘센 거인이 아니라 상처투성이의 난쟁이라는 사실을 ….

부모님께 감사드리기 연습

현대인은 불평불만을 찾아내는 데 능숙하지만 감사하는 능력은 많이 부족하다. 한국 청소년들도 마찬가지다. 하지만 '부모님께 관심 기울이기 연습'을 하고, '부모님에 대한 깊은 이해'에 도달한 청소년은 쉽게 부모님에 대해 감사하는 마음을 느낄 수 있다.

TV에서 한 여성이 이렇게 말했다. 환경미화원인 남편이 한밤중에 억수같이 쏟아지는 빗속에 출근하는 뒷모습을 보면서, 엉엉 소리 내어 울었다고…. 필자도 화면을 보면서 울었다. TV 속의 여성처럼, 청소년들도 부모님에 대한 깊은 이해에 도달하면, 감사의 눈물을 흘릴 것이다. '참나'가 깨어나면 그때까지 감사하지 않았던 많은 것들에 대해 감사하게 되지만, 그때까지 감사하지 않았던 것에 '감사하는 연습'을 하면 '참나'가 깨어나 활동하게 된다. 부모님께 감사드리기 연습은 훌륭한 효 수행이 될 수 있다.

부모님을 존경하기 연습

현대인은 누구도 존경하지 않는다. 그것은 현대인이 인간을 세계로부터 분리된 개체라고 생각하기 때문이다. 시공간적으로 분리된 개체로서의 인간은 비유하자면 바다 위에 잠시 생겼다 사라지는 하나의 물거품처럼 덧없고 미미한 존재이다. 그러므로 현대인은 근원적으로 하잘것없는 존재인 자신과 상대편을 존경할 수 없다. 현대인이 할 수 있는 것은 큰 성취를 한 사람을 선망할 수 있을 뿐인데, 선망은 그 본질과 결과 모두에서 존경과는 전혀 다른 것이다.

존경할 수 없으면, 상대편과 창조적인 관계를 맺을 수 없다. 칭찬에 인색했던 공자께서는 이렇게 말씀하셨다. "안평중은 사람과 사귀기를 잘하더라. 오래되어도 공경하는 마음을 잃지 않으니…"[10] 존경이란 상대편과 지속적이고 창조적인 관계 형성을 위한 기반임을 일깨워 주는 말이다.

가족관계에서도 마찬가지다. 존경은 사랑의 가족을 만들어 갈 수 있는 원동력이지만, 현대 가족원들은 상대편을 존경할 수 있는 능력이 없다. 그래서 배우자들 간에도 존경심이 없고, 자녀도 부모를 존경할 수 없다. 그러므로 부모님을 존경하는 연습은 훌륭한 효 수행이 될 수 있다.

---

10 『論語』, 「公冶長篇」, "安平仲 善與人交 久而敬之".

부모님을 존경하기 연습은 마음 깊은 곳에서부터 부모님에 대한 존경심을 느끼는 것에서부터 시작된다. 현대적인 의미에서 부모님이 대단한 사람이 아닐수록 존경심을 느끼는 연습을 하기는 더 좋다. 숲속을 걷다 보면, 나무 한 그루 한 그루가 상처투성이임을 알게 된다. 겨울 찬바람, 긴 가뭄, 벌레들의 침입 등 수많은 어려움을 이겨 내고 지금 이 나무는 내 앞에 서 있는 것이다. 우리 부모님들도 그와 같다. 우리 부모님들은 모두 삶의 영웅인 것이다. 이렇게 생각하면 부모님에 대한 존경심이 우러난다. 존경심을 느끼고 표현하는 것은 훌륭한 효이며 좋은 효 수행이 된다.

4. 효와 청소년 마음교육 그리고 인류의 미래

탈현대 세계관과 존재혁명

제4차 산업혁명은 빠른 속도로 진행되고 있고, 앞으로 더 가속화될 것이다. 산업혁명이 전현대 사회 시스템들을 붕괴시켰듯이, 제4차 산업혁명은 현대 사회 시스템들을 붕괴시키고 있다. 현대 사회로 나아가기 위해서는 전현대 사회 시스템들은 붕괴되어야만 했듯이, 탈현대 사회로 나아가기 위해서는 현대 사회 시스템들이 붕괴되어야만 한다. 현대 사회 시스템들의 붕괴는 무너져야 할 것이 무너지고 있는 것이다.

그러나 현대 세계관에 고착되어 있는 현 인류의 눈으로 보면, 현대 사회 시스템들의 붕괴는 '세상이 망하는 것'으로 해석된다. 그래서 무너져 내리는 현대 사회 시스템들을 복구하고자 하는 불가능하고 파괴적인 노력을 기울이게 된다. '낡은 현대 세계관'과 '새로운 신기술혁명' 간의 거대한 문명 충돌, 이것이 현 문명 위기의 본질이다.

문명 위기를 벗어나 탈현대 문명으로의 도약을 위해서는 세계관의 전환을 이루어 내야만 하며, 탈현대 세계관의 바탕 위에 수행을 통한 존재혁명을 이루어 내야만 한다. 그 일차적인 대상은 누구인가? 인류의 미래를 책임져야 할 청소년이다. 그래서 청소년 마음교육은 현 문명 위기를 극복하고, 문명의 대도약을 이루기 위한 중요한 출발점이 된다.

탈현대적인 효와 청소년 마음교육

동양사상은 마음교육의 학이라고 말해도 좋을 정도로 마음교육에 대한 풍부한 내용을 담고 있다. 이 글은 유가의 마음교육사상에서 효 수행을 중심으로 해서 한국 청소년 마음교육에 대한 논의를 전개했다. 이 글이 유가에 초점을 맞춘 이유는 수신제가치국평천하(修身齊家治國平天下)라는 말에서 알 수 있듯이, 유가가 갖고 있는 사회 발전 전략이 현 인류가 탈현대 사회로 나아가는 데 원용할 수 있는 실천적인 방안이라고 평가했기 때문이다. 또한 유가 효 수행에 초점을 맞춘 것은 일상생활에서 늘 접하는 부모님과의 관계 속에서의 수행이기 때문에 쉽게 실천할 수 있는 마음교육의 장이 될 수 있기 때문이었다.

이 글에서는 유가 효 사상의 탈현대적 의의와 청소년 마음교육으로서의 효의 의미를 밝혔다. 유가 사상은 동서양의 많은 사상 중에서 가족과 효를 사상의 중심에 위치시킨 유일한 사상이다. 유가 사상은 현실에 발을 딛고 이상을 지향한다는 점에서, 현실로서의 현대 사회를 이상적인 탈현대 사회로 전환시켜야 하는 현 인류의 과제 수행에 실천적인 방안을 제공해 줄 수 있다.

이런 의미에서 유가 효 사상은 청소년 마음교육으로 활용될 수 있는 큰 가치를 지니고 있다. 그런데 탈현대 사회로 나아가기 위한 청소년 마음교육으로 유가 효 사상을 활용하는 데는 한 가지 제약이 있다. 그것은 유가 효 사상에는 전현대적인 요소가 많이 포함되어 있다는 점이다. 그래서 이 글에서는 효의 두 가지 의미를 분석해서, 전현대적인 효를 배제하고, 탈현대적인 효를 청소년 마음교육으로 제시하고자 했다.

청소년 마음교육과 탈현대 사회 건설

마지막으로 수행으로서의 효가 어떻게 실제 청소년 마음교육으로 활용될 수 있는가를 효 수행의 구체적인 예시를 통해 보여 주고자 했다. 부모님께 관심 기울이기 연습은 부모님에 대한 무관심에서 벗어나 부모님의 존재에 깨어나기 위한 효 수행이다. 부모님을 깊이 이해하기 연습은 부모님의 근심과 삶의 힘겨움을 이해함으로써 부모님에 대한 사랑을 느끼기 위한 효 수행이다. 부모님께 감사드리기 연습은 그때까지 감사하지 않았던 것에 감사하는 연습을 통해 '참나'가 깨어나게 하는 효 수행이다. 부모님을 존경하기 연습은 부모님에 대해 깊은 존경심을 느끼고 표현함으로써 존경할 수 있는 능력을 키우는 효 수행이다.

현대 청소년교육은 '에고를 더 유능하게 만드는 것'을 목표로 삼고 있다. 새로운 청소년교육은 '참나를 깨어나 활동하게 하는 것'을 목표로 삼는다. 탈현대 사회로의 진입을 위해서는 청소년교육 패러다임의 전환이 이루어져야만 한다. 이 글은 유가 효 사상을 중심으로 효 수행이라고 하는 새로운 청소년교육을 모색해 보았다.

제2장
도가(道家) 사상은 청소년 마음교육의 해법이 될까

1. 도가 사상과 청소년 마음교육

자아실현과 마음교육

교육부는 제4차 산업혁명 시대를 대비하기 위해 자아실현을 더욱 강조하고 강화했다. 비록 교육현장에서의 이런 시도는 가치 있는 일이기는 하지만, 기하급수적인 사회 변화가 일어날 제4차 산업혁명 시대를 살아갈 청소년들이 겪어야 할 삶의 문제, 특히 미래의 변화에 대한 두려움과 불안을 해소해 주는 데는 미흡함이 있다. 교육현장에서는 제4차 산업혁명 시대를 살아가야 할 청소년에게 여전히 개인주의를 중심으로 한 노동을 통한 자아실현을 강조하기 때문이다.

자아실현은 하나의 가능성으로 잠재되어 있던 자아의 본질을 완전히 실현하는 일로, 개체의 목적과 본질을 중시하는 교육사상가들이 교육의 궁극적 목적을 표현하는 개념이다.[11] 그러나 자아실현은 개체로서의 자아와 관계된 행복을 추구하는 자아 확장의 삶이기에, 모든 존재를 '물아일체(物我一體)'로 바라보는 동양 사상적 관점에서의 행복과 평화를 추구하는 것과는 성격이 다르다.

학교 현장에서 청소년을 다른 존재와 분리된 하나의 개체로 여기고, 개인의 행복을 실현하는 방법을 '노동을 통한 자아실현'에 둔다면, 청소년들은 결코 진정한 행복과 평화를 회복할 수 없다. 진정한 행복과 평화는 자기의 본성이 본래부터 평화이고, 사랑이며, 행복임을 아는 일, 다시 말해서 자기의 본성을 회복하는 일과 관계있기 때문이다.

도가 사상과 마음교육

교육현장에서 청소년에게 마음교육을 실시하여 자기의 본성을 회복할 기회를 제공하지 않는다면, 청소년들이 미래에 대한 불안과 두려움에서 벗어날 수 없을 뿐만 아니라, 자기 삶의 주인으로서 살아갈 수 없는 것은 너무나 분명한 사실이다. 청소년 마음교육을 통해 청소년이 노동 중심적인 삶에서 해방되어 인간의 가치를 실현할 수 있는 능력, 다시 말해서 사랑의 존재로 거듭나는 삶을 살 수 있는 능력을 기르고, 심한 불안감과 좌절감에 대응할 수 있는 능력을 기르고자 한다(이현지, 2017: 66).

제4차 산업혁명이 무르익을 시기에 사회가 어떻게 변화할지를 예측

---

11 https://terms.naver.com/entry.nhn?docId=1185789&cid=40942&categoryId=31531.
   naver 두산백과.

하는 것은 거의 불가능한 일이다. 그러므로 우리가 미래에 대해 '어떤' 예측을 하고, 그것에 대해 준비를 한다고 하더라도 그 준비는 불완전할 뿐만 아니라, 청소년이 미래에 대한 불안과 두려움을 해소하는 데에도 크게 도움이 되지 않을 것이다.

사실 '어떤 미래를 만들 것인가?' 하는 문제는 전적으로 우리에게 달려 있다. 우리가 현재 하는 일을 목적 그 자체로 살 때 미래 상황을 가장 좋게 만들 수 있을 것이다. 물론 현재 일을 목적 그 자체로 살고 생각과 감정에 자유로울 수 있는 가장 확실한 방법은 자기의 본성을 회복하는 일이다.

영성을 다루는 종교집단이나 단체는 마음교육을 함에 있어 특정한 종교적인 색채를 띠거나, 일상과 분리된 형태의 명상이나, 내세 지향적인 구원 등을 제시하기에 청소년 마음교육으로 활용하는 데에는 어려운 점이 있다. 그러나 노자와 장자를 중심으로 한 도가의 마음교육은 청소년 마음교육에 활용하는 데 있어 종교적인 색채를 띠지 않을 뿐만 아니라, 청소년들이 현재 자기의 일상을 통해 언제 어디서든 마음공부에 활용할 수 있는 장점이 있다. 특히, 도가의 마음교육은 청소년들이 생각과 감정과 직면한 삶을 자신이 원하는 형태로 바꾸려는 노력 없이 단순히 그것을 바라봄으로써, 자신의 본성을 회복하는 방법으로 쉽게 적용할 수 있다.

또한 도가의 마음교육은 자아 확장으로서의 삶은 행복을 가져다주지 않는다는 사실을 지적한다. 자유와 행복과 평화는 다른 존재가 자기와 차별 없는 존재임을 알 때 저절로 생겨나는 것이다. 그러므로 청소년 마음교육은 자기의 본성을 회복하는 일을 통해 이루어져야 한다. 우리가 자기의 본성을 회복할 때 삶을 가장 진실하게 살며, 생사의 문제에도 휘둘리지 않기 때문이다. 우리가 삶을 진실하게 살고 생사의 문제에 자유롭다면 무슨 일이 우리를 힘들게 할 수 있겠는가? 그리고 어떤 일을 하든 그 일에 최선을 다하지 않을까?

이 장에서는 도가 사상에서 청소년 마음교육에 적용 가능한 사상이 어떤 것이 있는지를 찾아보고, 이를 청소년 마음교육에 어떻게 활용할 수 있을지를 살펴보고자 한다.

2. 청소년 마음교육에 적용 가능한 도가 사상

도가 사상의 핵심은 도를 회복하여 아무것에도 걸림 없는 자유의 삶을 살아가는 것이다. 도는 인간의 자연스러운 본성을 따르는 삶이다. 그러므로 자유의 삶이란 자기의 자연스러운 본성에 따라 삶을 주인으로서 살아가는 것을 말한다. 도가에서는 자신의 내면의 문제를 해결하고 삶의 주인으로서 살아가기 위해서는 본성 회복을 강조한다. 그러므로 청소년 마음교육도 청소년의 심리적인 문제의 근원을 한 번에 해결하는 방법인, 본성 회복을 중심으로 이루어져야 한다.

제4차 산업혁명 시대에 청소년이 갖는, 직업 소멸에 대한 불안감과 사회의 변화에 적응하지 못할지도 모른다는 두려움 등 청소년이 갖게 되는 심리적인 문제를 단순히 두려움과 불안감에 초점을 맞춰 접근하는 것은 나무를 제거할 때 가지를 치는 일과 같다.

나무를 한 번에 제거하려면 나무의 뿌리를 잘라 내야 하듯이, 청소년이 갖게 되는 심리적인 문제를 해결하기 위해서도 문제의 근원인 잘못된 자기 동일시를 끝내는 일, 다시 말해 자기의 본성을 아는 일에 초점이 맞추어져야 한다. 청소년이 자기의 본성을 알지 못할 때 두려움과 불안함뿐만 아니라, 생겨나는 생각과 감정을 끊임없이 자기와 동일시하여 그것에 휘둘리기 때문이다. 그러나 청소년들이 자신의 본성을 알게 되면 생각과 감정은 자신의 생명을 유지하기 위해 생겨나는 다양한 형태의 에너지일 뿐임을 알게 될 것이다. 그러므로 청소년이 자기의 본성을 알 수 있도록 마음교육을 실시하는 것이 불안감뿐만 아니라, 모든 삶의 문제를 해결하는 근본적인 방법이다.

도가에서는 삶의 문제를 해결하기 위해 도의 삶을 살라고 말한다. 도의 삶을 사는 것은 스스로 그러함을 본받는 일[12]이다. 물론 자연을 본받는 일은 자기의 본성을 회복하는 일[復其初]이다. 그리고 본성을 회복하는 일은 욕심 없이 마음을 텅 비우는 삶을 사는 일[致虛]이자, 생각과 감정에 휘둘리지 않는 삶을 사는 일[守靜]이며, 아무런 노력을 하지 않음으로써 삶을 더 나은 방향으로 이끌어 가는 일[無爲]이다.

처음 회복하기[復其初]

도가에서는 처음을 회복할 것을 강조한다. 물론 처음은 우리의 본성을 가리킨다. 복기초는 복귀어영아(復歸於嬰兒), 복귀어무극(復歸於無極), 복귀어박(復歸於樸) 등 다양하게 표현된다. 도가에서 본성을 회복한 상태를 처음, 어린아이, 무극, 통나무 등으로 표현하지만, 이런 개념

---

12 『노자』, 25장, "道法自然".

들은 우리의 본성을 가리키는 문자일 뿐 본성 그 자체는 아니다.[13] 그러므로 본성이 무엇이라고 불리는 것과는 상관없이, 우리가 직접 자신의 본성을 회복하는 것이 무엇보다도 중요하다. 머리로 어떤 개념을 이해했다고 해서 그것을 체득(體得)한 것이 아니기에, 자기에게서 생겨나는 심리적인 문제가 해결되지는 않기 때문이다.

청소년이 겪는 삶의 문제를 해결하는 핵심 방법도 자신의 본성을 회복하는 일을 가장 중요한 방법으로 다루어야 한다. 본성을 회복하는 일은 자신을 몸이나, 생각과 감정과 동일시하지 않아 개체가 겪는 생로병사의 문제를 해결하고, 끊임없이 자신을 괴롭히는 생각과 감정에 휘둘림 없이 자유롭게 살며, 다른 존재와 차별 없는 존재임을 알아 다른 존재를 진심으로 사랑하고 배려하는 계기가 되기 때문이다.

노자에게서 어린아이의 상태가 어떤 것이고 어떻게 해야 돌아갈 수 있는지 구체적으로 확인하기는 어렵지만(정재걸·홍승표·이승연·이현지·백진호, 2014: 176), 아래의 말은 어떻게 하면 처음을 회복할 수 있을지에 대한 아이디어를 제공한다.

비어 있음이 극에 이르고 고요함을 지키면 만물이 함께 번성하되 나는 그 회복하는 것을 본다. 모든 사물이 끊임없이 바뀌지만 저마다 제 근원을 회복하는구나. 근원을 회복하는 것을 일컬어 고요함이라 하고, 고요한 것을 천명을 회복하는 것이라 하며, 천명을 회복하는 것을 한결같음이라 하고, 한결같음을 아는 것을 밝음이라고 한다. 한결같음을 알

---

13 『노자』, 1장, "道可道非常道, 名可名非常名".

지 못하면 재앙을 일으키고, 한결같음을 알면 모든 것을 품는다.[14]

노자는 비어 있음이 극에 이르고 고요함을 지키는 것을 통해 만물은 번성하면서 저마다의 본성을 회복한다고 말한다. 또한 뿌리로 돌아가는 것이 고요함이고 고요함을 회복하는 것이 자신의 천명을 회복하는 것이며, 천명을 회복하는 것을 한결같음이라 하고 한결같음을 아는 것을 밝음이라고 말한다.

자신을 텅 비우고, 생각과 감정에 휘둘리지 않아 마음이 고요해지면 모든 존재는 각자 있어야 할 자리에 있게 된다. 이것이 하늘이 우리에게 부여한 사명을 회복하는 일이며, 삶을 한결같게 사는 일이자, 대자유인으로서 삶을 살아가는 일이다. 그러므로 처음을 회복하는 일은 자신과 다른 존재가 함께 행복과 평화를 누리는 삶을 살아가기 위해 이루어야 할 핵심이다. 이처럼 우리가 자기의 본성을 회복할 때 자신은 물론 모든 존재를 사랑으로 대할 수 있고, 한결같이 삶의 문제를 해결할 수 있게 된다.

노자는 본성을 회복하는 일은 비어 있음과 고요함을 통해 가능하다고 말한다. 그렇다면 비어 있음과 고요함은 어떻게 하는 것일까? 사실 마음교육에서 내면을 비우고, 고요함을 유지하기 위해서 우리가 인위적으로 해야 할 일은 아무것도 없다. 그래서 노자는 "행위 하지 않음으로써 하면 다스려지지 않음이 없다"[15]라고 했다.

우리가 현재에 만족하지 못하고 다른 사람과의 경쟁을 통해 무엇인

---

14 『노자』, 16장, "致虛極, 守靜篤, 萬物竝作, 吾以觀其復. 夫物芸芸, 各復歸其根. 歸根曰靜, 靜曰復命. 復命曰常, 知常曰明, 不知常, 妄作凶, 知常, 容".

15 『노자』, 3장, "爲無爲則無不治".

가를 얻기 위해 노력하고, 다른 사람에게 인정받기 위해 자신을 부정하고 더 나은 존재가 되기 위해 애쓸 때, 우리의 마음은 무엇인가로 꽉 차게 되고 내면의 고요함은 순식간에 사라지고 갈등과 혼란이 생겨나게 된다.

덕은 명예심 때문에 녹아 없어지고, 지식은 경쟁심에서 생긴다. 명예란 서로 헐뜯는 것이며, 지식이란 다투기 위한 도구이다. 이 두 가지는 흉기여서 두루 순조롭게 진행되어서는 안 된다.[16]

지식이 자기의 사욕을 충족시키기 위한 수단으로 사용될 때 그것은 더는 우리를 자유롭게 해 주는 도구가 아니다. 그리고 자신의 욕망을 이루기 위한 노력이나 명예를 얻기 위한 모든 행동은 다른 사람과의 갈등만을 초래할 뿐이다. 그러므로 우리는 지식과 명예로 내면을 채우려고 하기보다, 자신을 텅 비우고 고요함을 지켜 자기의 본성을 회복할 수 있어야 한다.

텅 비우기[致虛]

우리는 항상 머릿속을 다양한 지식과 관념 등으로 가득 채우고자 노력한다. 심지어, 마음공부에서조차도 지식을 통해 자유를 얻고자 한다. 그러나 결코 지식은 우리에게 자유를 가져다주지 않는다. 지식

---

16 『장자』, 「인간세」, "德蕩乎名, 知出乎爭. 名也者, 相軋也. 知者也, 爭之器也. 二者凶器, 非所以盡行也".

은 분별심을 강화하는 일과 관계하기 때문이다.

자유는 삶을 둘로 나누지 않고, 분별하지 않아 내면이 텅 비워질 때 찾아온다. 그러므로 우리는 날마다 자기 생각과 관념을 바라볼 수 있어야 하며, 그것에 영향을 받지 않고 행위를 할 수 있도록 자신을 텅 비울 수 있어야 한다.

우리가 자신을 텅 비울 때 자신이 알고 있던 모든 지식은 단지 지식일 뿐임을 알게 될 뿐만 아니라, 그 텅 빔에서 평화가 생겨남도 알게 될 것이다. 노자는 텅 빔의 효용에 대해 다음과 같이 말한다.

서른 개의 바퀴살이 바퀴 통 하나에 모인다. 그 빈 곳으로 인해 수레의 쓸모가 있게 된다. 진흙을 이겨 그릇을 만든다. 그 빈 것으로 인해 그릇의 쓸모가 있게 된다. 문과 창을 뚫어 방을 만든다. 그 비어 있음으로 인해 방의 쓸모가 있게 된다. 따라서 있음은 그것으로 인해 이로움이 되고, 없음은 그것으로 인해 쓸모가 있게 된다.[17]

우리는 텅 빈 것의 가치를 가볍게 여긴다. 우리가 다닐 수 있는 것은 빈 공간 때문이지만, 우리는 빈 공간을 무엇인가로 채우는 데만 급급한 나머지 사물을 유용하게 사용할 수 있게 해 주는 빈 공간에 대해서는 소홀히 하는 경우가 많다. 이와 마찬가지로, 우리의 내면에도 생각과 감정에 집착하지 않기 위해서는 내면의 빈 공간을 알아차리고 생각과 감정을 자신과 동일시하지 않아야지만 휘둘림 없이 바르게 행

---

17 『노자』, 11장, "三十輻, 共一轂. 當其無, 有車之用. 埏埴以爲器, 當其無, 有器之用. 鑿戶牖以爲室. 當其無, 有室之用. 故, 有之以爲利, 無之以爲用".

위를 할 수 있다. 그러나 빈 공간을 알아차리고 현존하는 사람은 무척 드물다.

하늘이 텅 비어야지만 모든 것이 오갈 수 있듯이, 우리의 마음도 아무것도 없이 텅 비울 수 있어야지만 생각과 감정을 자신과 동일시하지 않게 되어 두려움과 불안이 찾아오더라도 그것에 휘둘리지 않고 보낼 수 있고, 자신과 생각이 다른 사람들까지도 있는 그대로 포용할 수 있다. 그러므로 텅 비움은 나와 다른 사람이 행복해지는 열쇠이다.

도가에서는 마음을 텅 비운 상태를 심재(心齋)라고 한다. 심재는 육체의 상태를 건강하고 좋게 만드는 것이 아니라, 인간의 본성을 회복하는 수양 방법이며 인간과 자연, 만물이 하나임을 깨달아 자신을 변화시켜 나가는 과정이다(정선화, 2011: 46).

중니가 말했다. 재계(齋戒)하라. 네게 말해 주겠다만, 마음을 지닌 채 재계를 하면 그게 쉽게 될까? 쉽다고 여기는 자는 하늘이 좋아하지 않는다. 안회가 말했다. 저의 집은 가난하여 술이나 자극성 있는 채소를 못 먹은 지가 몇 달이나 됩니다. 이렇다면 재계한 것이 아닙니까? 중니가 말했다. 그것은 제사 지낼 때의 재계이지 심재가 아니다.[18]

장자는 안회와 공자의 대화를 통해 심재가 제사를 지낼 때의 재계가 아님을 말하며, 마음을 지닌 채[有心] 그것을 하면 하늘이 싫어한다고 말한다. 그러므로 심재는 무심(無心)이 전제되어야 한다. 물론 무심

---

18 『장자』, 「인간세」, "仲尼曰, 齋. 吾將語若, 有心而爲之, 其易邪. 易之者, 皡天不宜. 顔回曰, 回之家貧, 唯不飮酒不茹葷者數月矣. 如此, 則可以爲齋乎. 曰, 時祭祀之齋, 非心齋也".

은 내면이 텅 비어 있다는 말이고, 유심은 내면이 욕망, 명예, 지식 등으로 가득 찼다는 말이다. 공자는 심재를 가르쳐 달라는 안회에게 다음과 같이 말한다.

뜻을 하나로 하라. 귀로 듣지 말고 마음으로 듣도록 하고, 마음으로 듣지 말고 기(氣)로 듣도록 하라. 귀는 소리를 들을 뿐이고 마음은 밖에서 들어온 것에 맞추어 깨달을 뿐이지만, 기란 공허 속에 모인다. 이 텅 빔이 곧 심재이다.[19]

공자는 심재의 방법에 대해 뜻을 하나로 하라고 말한다. 뜻을 하나로 하라는 말은 하나의 생각을 품으라는 말이 아니라, 현재 하는 그 일만을 오롯이 하라는 말이다. 우리가 현재 하는 그 일만 할 때는 생각이나 감정의 개입 없이 '지금-여기'를 산다. 그리고 우리가 '지금-여기'를 살 때 우리는 텅 빔 속에 있으며, 이때 행복도 우리와 함께하는 것이다. 이 말을 알아차린 안회는 다음과 같이 말한다.

제가 지금까지 심재를 못한 것은 정말 저 자신에 얽매여 있었기 때문입니다. 지금 심재를 하여 자신에 구애되지 않게 되었습니다만, 이것으로 텅 비었다 할 수 있을까요? 선생이 대답했다. 충분하다.[20]

---

19 『장자』, 「인간세」, "回曰, 敢問心齋. 仲尼曰, 若一志. 无聽之以耳而聽之以心, 无聽之以心而聽之以氣. 耳止於聽, 心止於符, 氣也者, 虛而待物者也. 唯道集虛. 虛者, 心齋也".

20 『상사』, 「인산세」, "回之未始得使, 實有回也. 得使之也, 未始有回也, 可謂虛乎. 人子口 靈矣".

안회와 공자의 대화에서 알 수 있듯이, 심재는 자신에게 얽매여 있지 않을 때 가능하다. 자신에게 구애되지 않는다는 것은 어떤 생각이나 감정도 집착하지 않고 오갈 수 있도록 내면을 텅 비울 수 있다는 말이며, 자기라는 생각에 휘둘려 사욕을 채우기에 급급한 에고[ego]에서 벗어났다는 말이다.

우리는 어느 때라도 텅 빔을 회복할 수 있어야 한다. 우리가 생각과 감정에 휘둘리지 않고 텅 비울 수 있으면 곧장 본성을 회복할 수 있고, 어떤 상황에서도 편견이나 선입관 없이 상황에 적절하게 행위를 할 수 있다.

고요함 지키기[守靜]

물이 지극히 맑으면 모든 것을 비출 수 있다. 마음도 지극히 고요하면 생각과 감정을 자각하여 안정된 상태가 된다. 마음이 안정되어야 시시때때로 발생하는 상황에 잘 대응할 수 있음은 말할 필요도 없다. 그럼 어떻게 하면 마음이 고요하고 안정될까? 고요한 장소를 찾아 가만히 앉아 마음을 고요하게 만들고자 노력하면 고요해질까?

만약 그렇게 하는 것이 효과가 있다면 얼마나 오랫동안 그렇게 해야 할까? 바쁜 현대인이 매일 해야 할 일을 뒤로 미룬 채 얼마나 오랫동안 그렇게 할 수 있을까? 앉아서 마음을 고요하게 하고자 해 본 경험이 있는 사람이라면 그렇게 해서 마음이 고요해지지 않음을 경험했을 것이다. 또한 마음을 고요하게 만들고자 하는 모든 노력이 효과가 없음도 경험했을 것이다.

사실 우리가 고요해지고자 노력하면 할수록 내면에는 생각이 생각의 꼬리를 물고 끊임없이 생겨난다. 고요해지고자 노력하는 그 자체가 생각이어서, 생각으로 생각을 없앨 수 없고, 또 차분히 가라앉힐 수도 없기 때문이다. 이처럼 마음을 고요하게 하고자 하는 모든 노력은 컵 속에 든 흙탕물을 맑게 만들기 위해 컵을 좌우로 흔드는 일이나 마찬가지다.

그렇다면 왜 우리는 생각과 감정을 없애려고 할까? 우리가 생각이나 감정을 없애고 마음의 평화를 얻으려고 할 때는 생겨난 생각이나 감정을 부정적인 것으로 여기고, 그것을 없애야지만 평안을 얻을 수 있다고 여기기 때문이다. 그러나 노자는 "옛날의 훌륭한 선비는 도를 지니고 있어 능히 흐리면서도 고요함으로써 그것을 천천히 맑게 할 수 있다"[21]라고 말한다. 이 말은 도를 잘 공부하는 사람은 맑게 하려는 노력 없이 내면을 맑게 할 수 있다는 것이다. 그리고 노자는 "고요해지고자 하는 마음 없이 고요하면, 세상이 스스로 바르게 될 것이다"[22]라고 말하며, 고요해지고자 하는 노력조차도 없을 때 내면은 저절로 질서 잡히며 아무런 문제가 없어진다고 말한다.

또한 노자는 우리의 관념과는 반대로, 다른 사람으로부터의 사랑과 외면을 받는 일에 대해 놀라는 것처럼 하라고 말한다.

총애와 욕됨을 놀라는 것처럼 한다. 큰 걱정거리를 제 몸처럼 귀하게 여긴다. 어째서 총애와 욕됨을 놀라는 것처럼 한다는 말인가? 총애는 아래로 내리는 것이니 그것을 얻어도 놀라는 것처럼 하고 그것을 잃어

---

21 『노자』, 15장 "古之善爲士者, … 孰能濁以靜之徐淸, … 保此道者, ".
22 『노자』, 37장, "不欲以靜, 天下將自正".

도 놀라는 것처럼 한다. 그래서 총애와 욕됨을 놀라는 것처럼 한다고 말한 것이다. 어째서 큰 걱정거리를 내 몸처럼 귀하게 여긴다고 말하는가? 나에게 큰 걱정이 있음은 나에게 몸이 있기 때문이다. 나에게 몸이 없다면 무슨 걱정이 있겠는가? 그러므로 내 몸을 귀하게 여기는 것처럼 천하를 위하는 자에게 천하를 맡길 만하고, 제 몸을 사랑하는 것처럼 천하를 위하는 자에게는 천하를 맡길 만하다.[23]

우리는 다른 사람으로부터 자기의 가치를 인정받고자 노력하며, 자신이 어떻게 평가받을지를 신경 쓴다. 그래서 하는 일마다 자신의 의지대로 실행하지 못한다. 그러면서도 총애를 받으면 기뻐하고 그것을 잃으면 마치 자기의 모든 것을 잃어버린 듯 괴로워한다. 그러나 우리가 다른 사람에게 인정받고자 하는 마음 없이 자기 일에 최선을 다한다면, 총애와 욕됨은 자기에게 더는 아무런 의미가 없어진다.

사실 다른 사람이 자신을 어떻게 평가할지에 대해 신경 쓰지 않을 때 자신이 하는 일을 더 잘할 가능성도 더 크다. 다른 사람에게 어떻게 평가받을지를 신경 쓰지 않는다면, 모든 에너지를 자신이 하는 일에만 사용할 수 있기 때문이다.

노자는 큰 걱정거리를 귀하게 여기라고도 했다. 노자는 우리에게 몸이 있기에 걱정거리는 있을 수밖에 없다고 말한다. 몸은 우리가 살아가는 데 꼭 필요한 것이다. 그러므로 우리가 몸을 지닌 한 자기에게 큰 걱정거리는 반드시 있을 수밖에 없다. 있을 수밖에 없는 것을 없애

---

23 『노자』, 13장, "寵辱若驚. 貴大患若身. 何謂寵辱若驚. 寵爲下, 得之若驚, 失之若驚. 是謂寵辱若驚. 何謂貴大患若身. 吾所以有大患者, 爲吾有身. 及吾無身, 吾有何患. 故, 貴以身爲天下, 若可寄天下, 愛以身爲天下, 若可託天下".

려고 노력하는 것만큼 어리석은 일이 어디에 있겠는가? 그러므로 제 몸을 사랑하는 것처럼 큰 걱정거리를 귀하게 여기는 사람은 시간이 지나면 흙탕물이 아주 맑은 물이 되듯이, 큰 걱정거리처럼 보이는 생각과 감정을 다루지 않아 자신의 내면을 고요하게 할 수 있는 것이다.

이처럼 우리 삶에 문제가 생기는 것은 자기에게 생겨난 생각과 감정뿐만 아니라, 시시때때로 다가오는 삶을 자신이 못마땅하게 여김으로써 있는 그대로 받아들이지 못함에서 생겨나는 것이다. 우리에게 긍정적인 생각과 좋은 감정, 그리고 아름다운 삶만이 찾아오지 않으리라는 것은 너무나 분명하다. 그리고 부정적인 생각과 감정과 삶은 없애려고 노력한다고 해서 없앨 수 있거나, 그것들을 통제한다고 해서 통제할 수 있는 것도 아니라는 것은 명확한 사실이다.

이런 사실을 잘 알면서도 우리는 늘 생각과 감정을 없애려고 하거나 더 나은 감정을 유지하려고 노력하고, 원하는 삶만이 오기를 학수고대한다. 그래서 우리는 잠시도 가만히 있지 못하고 생각과 감정뿐 아니라 삶까지도 늘 통제하려고 한다. 그러나 우리의 삶을 좋게 변화시킬 기회는 우리에게 주체하기 힘든 고통과 불안과 두려움 등과 같은 큰 걱정거리가 찾아왔을 때다.

우리는 이런 큰 걱정거리를 통해 삶을 되돌아보게 된다. 노자의 말처럼 큰 걱정거리를 걱정거리로 여기지 않고 그것을 자각하고 없애려고 통제하거나 조절하지 않을 때, 걱정거리는 더는 걱정거리가 아니라 우리에게 평화를 가져다주는 좋은 선물이 될 것이다. 이처럼 마음교육의 핵심 중 하나는 통제와 조절을 내려놓고, 현재 자신에게 찾아온 생각과 감정과 삶을 있는 그대로 받아들이고 가만히 두는 일, 즉 고요함을 지키는 일이다.

행위 하지 않기[無爲]

도가의 마음교육에서 가장 중요한 공부 방법 중 하나는 무위이다. 무위는 마음을 조절하거나 통제하지 않고 있는 그대로 내버려 둠으로써 도의 삶을 사는 방법이다.

무위는 '아무런 노력도 하지 않아야지!' 하면서 의식적으로 하는 것이 아니다. 이전에는 적극적인 노력을 기울였다면, 지금은 '아무런 노력도 하지 않으려는' 노력을 기울이고 있는 것이기 때문이다. 노력은 '인위적인 노력'이라고 하든 '인위적이지 않은 노력'이라고 하든 상관없이, 사사로운 욕망을 내재한다. 사사로운 욕망을 갖고서는 결코 마음의 평화를 얻을 수 없다.

무위는 단어 그대로 '아무런 노력도 기울이지 않는 것'이다. 어떤 사람들은 감정을 다스리지 않고 내버려 두는 것은 방임(放任)하는 것이어서, 삶이 혼란으로 가득 차지 않겠느냐고 반문한다. 왜냐하면 감정을 있는 그대로 내버려 두는 것이 가장 잘 다스리는 방법임을 체득하지 못했기 때문이다(정재걸·홍승표·이현지·백진호, 2014: 90). 그러나 노자는 우리의 관념과는 반대로 다음과 같이 말한다.

현[賢]을 숭상하지 않음으로써 백성이 다투지 않게 하라. … 이로써 성인의 다스림은 그 마음을 비우고, … 언제나 백성이 아는 것을 없게 하고 욕심을 없게 하여, 무릇 안다는 자가 감히 행위 하지 못하게 한다. 무위로써 하면 다스려지지 않는 것이 없다.[24]

---

24 『노자』, 3장, "不尙賢, 使民不爭. … 是以, 聖人之治, 虛其心, … 常使民無知無欲, 使夫智

140

노자는 '현'을 숭상하지 않음으로써 백성이 다투지 않게 하라고 말한다. 마음교육의 관점에서 노자가 말하는 백성은 생각과 감정을 가리키며, '현'은 생각과 감정 중 기쁨, 평화, 행복, 자유, 도 등 우리가 유지하고 싶어 하는 '더 나은 것들'을 의미한다.

우리는 현명한 것을 추구함으로써 삶의 완성과 자유로 나아가려 하지만, 그렇게 '현'하려 해서는 결단코 그 자리에 갈 수가 없다. '현'하려 하는 한, 결코 '현'을 이룰 수 없는 것이다. 그렇다면 어떻게 해야 하는가? '현'할 수 있는 유일한 방법은 '현'하고자 하는 그 마음을 버리는 것이다.[25]

노자의 말처럼, 우리가 현명함을 추구하지 않고 날로 덜어 내어 무위로써 하면 어느 순간 내면은 행복과 평화와 도(道)로 가득 찰 것이다. 그러나 인위적으로 무엇인가를 추구하게 되면, 내면은 곧장 혼란스러워질 것이다. 이처럼, 행복과 평화와 도는 날마다 덜어 내는 일과 관계있다.

학문을 하면 날로 늘어나고 도를 닦으면 날마다 덜어진다. 덜고 또 덜면 무위에 이르게 되고, 함이 없으니 하지 못함이 없다. 그러므로 천하를 취함에는 언제나 무위로써 취하고 유위에 이르러서는 족히 천하를 잡지 못한다.[26]

者不敢爲也. 爲無爲則無不治".

25 김기태, 2007: 59-60.

26 『노자』, 48장, "爲學日益, 爲道日損. 損之又損, 以至於無爲, 無爲而無不爲. 故, 取天下, 常以無事, 及其有事, 不足以取天下".

우리의 마음은 끊임없이 상황을 해석하고 분석하며 통제하려 한다. 그래서 우리를 끊임없이 무엇인가를 갈망하고 추구하게 만든다. 그러나 추구와 갈망이 우리를 자유롭게 해 주지 않는다는 사실을 받아들여 더 나은 무엇인가가 되려는 노력을 멈추려고 하면, 내면에는 불안, 초조함, 두려움 등과 같은 외면하고 싶은 생각과 감정들이 더욱 생겨난다. 그러나 생각과 감정이 많이 생겨나면 생겨날수록 내면의 평화는 더욱 어려워진다.

심지어 노력을 통한 조금의 성취가 더 큰 노력을 부추기고, 또 마음은 자기가 갈망하던 상태를 만들어 겪게 함으로써, '더 나은 것들'에 대한 집착을 더욱더 강하게 만든다. 그리고 그것에 대한 강한 집착은 더 많은 추구와 노력을 쏟게 만들어 우리를 또다시 혼란에 빠뜨린다. 이것이 마음이 우리를 끊임없이 혼란스럽게 하는 과정이다. 그러므로 우리 내면에 어떤 생각과 감정이 일어나 자신을 혼란스럽게 하더라도 우리가 무위로써 할 수 있다면, 혼란은 이내 사라지고 내면은 평화와 행복과 자유로 가득 찰 것[27]이다.

---

27 『노자』. 57장. "我無爲而民自化."

3. 도가 사상을 청소년 마음교육에 적용

제4차 산업혁명 시대의 청소년 마음교육의 핵심은 학생들이 자기의 본성을 회복함으로써 내면의 불안과 두려움 등을 다룰 줄 알고, 있는 그대로의 자기를 사랑하며, 삶의 주인으로서 살게 하기 위한 것이다. 도가 사상에는 청소년 마음교육 프로그램에 적용할 수 있는 다양한 공부 방법이 있다.

프로그램이라고 하면 조절과 통제와 같은 노력이 수반될 것이라는 기대를 할 수 있으나, 도가의 마음교육은 생각을 없애려는 노력이나, 경험하고 싶지 않은 감정들을 통제하는 일과는 아무런 상관이 없다. 단지, 자신의 본성을 회복하기 위해 자신이 세상을 바라보는 관점을 바라보고, 경험하고 싶지 않은 생각과 감정을 있는 그대로 수용하며, 텅 빔을 자각함으로써 자신의 내면에 사랑을 꽃피운다. 이처럼 도가의 마음교육은 언제 어디서든 무위를 중심으로 한 자기의 본성을 회복하는 일을 통해 자신에게 일어나는 삶의 문제를 해결하고자 한다. 그러므로 평화를 얻는 방법을 멀리서 찾을 필요가 없다.

우리가 자신이 삶을 바라보는 관점을 바라보고, 현재 상황을 있는 그대로 수용하며, 자신의 내면에 사랑이 스며들게 하고 자신을 텅 비울 때, 우리는 마음의 평화를 찾고 삶은 전혀 두렵지 않게 된다. 그리고 우리가 본성을 회복하여 두려움과 불안 등을 잘 돌볼 수 있게 되면, 직업과 관련된 경제적인 문제도 자기의 삶에서 중요한 부분을 차지하지 않게 된다. 이처럼 마음의 평화를 찾는 가장 좋고 확실한 방법은 바깥을 변화시키는 일이 아니라 자신을 변화시키는 일이다. 그럼,

도가 사상이 청소년 마음교육에 어떻게 적용되는지를 살펴보겠다.

무위로써 관점 바라보기

도가 사상은 우리가 행복한 삶을 살기 위해서는 다만 자신이 세상을 바라보는 관점을 바라볼 것을 요구한다. 이때 주의할 점은, 세상을 바라보는 관점을 부정하거나 긍정의 방향으로 바꾸려고 노력하지 않는 것이다. 다시 말해, 무위로써 그냥 바라만 보는 것이다.

단지 우리가 생각을 있는 그대로 바라보는 것만으로도 그것은 힘을 잃고 더는 우리를 구속하지 않게 된다. 그래서 우리는 곧장 자신의 근원을 회복하여 자유와 행복을 누릴 수 있다. 그러나 우리가 생각을 긍정과 부정으로 나누어 그것을 없애려 하거나 오랫동안 유지하기 위해 통제하고 조절하면, 그것에 에너지를 공급하게 되어 자신을 그 생각과 더욱 동일시하게 된다. 그러므로 우리가 생각에 자유롭기 위해서는 무위로써 바라보는 것이 중요하다.

① '개체라는 생각' 바라보기

우리가 두려움과 불안 등에서 벗어나지 못하는 이유는, 자기에 대한 그릇된 관점을 지니고 있기 때문이다. 그중 가장 흔한 것은, 자기를 하나의 개체로 여긴다는 점이다. 우리는 하나의 개체로서의 에고가 아님에도 불구하고, 성장하면서 어느 순간부터 자신을 분리된 하나의 개체로 인식하고 그 생각에 사로잡히게 된다.

그러므로 자기가 하나의 개체라는 생각을 바라봄으로써 이런 관점에서 벗어나는 일, 다시 말해서 자신을 존재계와 둘이 아님을 자각하는 것이 중요하다. 우리가 겪는 심리적인 고통 대부분은 자신을 존재계와 분리된 하나의 개체로 여기고, 스스로 부족하다고 생각하며 그 부족함을 채우려 할 때 생겨나는 것이기 때문이다. 물론 지식으로 존재계 전체가 하나라고 인식하는 것이 자신의 본성을 안 것은 아니지만, 관점의 전환을 이루는 데 중요한 밑거름이 된다.

우리는 하루의 많은 부분을 부모를 봉양하고 자녀를 돌보는 등 가족을 부양하기 위한 경제활동 등과 같은 개체로서의 삶을 살아간다. 이처럼, 우리가 행하는 개체로서의 행위도 삶에 매우 중요한 부분이다. 하지만 개체로서의 삶을 살아야 하는 상황을 자각하면서 사는 일과, 개체라는 생각과 자신을 동일시하여 그렇게 사는 것에는 큰 차이가 있다.

전자는 '지금-여기'를 사는 도의 삶이 개체의 삶을 통해 드러나는 것이기에 사욕이 개입되어 있지 않거나 사욕이 생기더라도 금방 알아차리고 바르게 행위 할 수 있는 반면에, 후자는 개체라는 생각에 휘둘려 자신의 사욕을 채우기에 급급한 삶을 살 가능성이 크기 때문이다. 우리가 개체로서의 관점에만 얽매일 때 자기와 가족만을 위하는 이기적인 삶을 살 가능성이 크다.

개체로서의 삶은 육체적 생명을 유지한다는 측면에서 그 자체로 아무런 문제가 없음에도 불구하고, 끊임없이 자신을 부족한 존재로 여기게 함으로써 무엇인가를 추구하게끔 한다. 그리고 그 부족하다는 생각을 결코 만족시킬 수 없기에 늘 갈증에 시달린다. 그러므로 우리는 개체를 자기라고 여기는 관점을 바라봄으로써 동일시를 멈추고 그것에서 벗어날 수 있어야 한다.

② '노동 중심적인 생각' 바라보기

우리는 자신의 가치를 '도(道)의 삶을 사느냐 살지 못하느냐'에 두는 대신에, '왜 노동을 통해 드러내고자 하는지'를 바라보아야 한다. 왜 우리는 자신의 본성을 회복하는 것이 평화롭게 사는 길이자 다른 존재를 진심으로 사랑하는 일임에도 불구하고, 본성을 회복하는 일에 뜻을 두지 않고 자기 노동력의 가치를 높이는 데 두는 것일까? 그것은 자기의 본성이 자유이고 행복이고 사랑임을 알지 못해, 늘 스스로 구속하고, 불행하다고 여기며, 미워하기 때문이다.

사실 내면의 평화는 '좋은 직업을 가졌느냐, 가지지 못했느냐?', '노동하느냐, 하지 못하느냐?'에 달린 것이 아니다. 그러나 우리는 자신의 가치를 노동 중심적인 것에 두기에, 좋은 직업을 얻지 못했거나 직장을 잃게 되면 마치 모든 것을 잃은 것처럼 괴로워한다.

미래에는 제4차 산업혁명 시대를 맞이하여, 다양하고 수준 높은 기술로 인해 지금보다 훨씬 물질적인 풍요로움을 누릴 가능성이 크다. 또 우리의 육체적, 정신적 노동을 인공지능 로봇이 대신해 줌에 따라 우리는 모든 노동에서 해방될 가능성도 크다. 그러므로 노동이 사라질 시대를 준비하는 상황에서 자신의 가치를 노동 중심적인 것에 두는 것은 시대적인 착오가 아닐 수 없다.

물론 노동이 사라진다는 이유로, 우리가 반드시 지금보다 더 평화롭고 행복한 삶을 살 수 있는 것은 아니다. 어떤 시대이든 상관없이 끊임없이 생겨나는 생각과 감정을 어떻게 다룰지를 몰라 그것에 휘둘린다면 두려운 삶을 살거나 이기적인 삶을 살 수밖에 없기 때문이다.

두려움의 해소는 세상을 바라보는 관점에 따른 자기 내면의 문제이지, 외적인 상황에 의해 좌우되는 문제가 아니다. 이것은 대부분의 마음교육의 전통에서 평화와 행복을 얻기 위해 좋은 직업을 얻어야 한다거나 노동의 가치를 높이라고 가르치는 대신에, 본성을 회복하라고 가르치는 것만 봐도 알 수 있는 일이다.

이처럼 자신이 삶을 바라보는 관점을 바라보는 일은 자신의 존재 변화를 위한 중요한 마음공부 방법이다. 그러므로 현재 상황에 대한 정확한 이해를 바탕으로 생각과 감정을 조절하거나 통제하지 않고 자기가 세상을 바라보는 방식을 있는 그대로 바라볼 수 있는 능력을 기르는 것은 청소년이 마음의 평화를 얻는 데 매우 중요한 공부 방법이다. 무위로써 '바라보기'는 자기의 선입관과 고정관념에 에너지를 공급하지 않음으로써, 청소년이 자기의 본성을 회복하여 미래에 대한 두려움뿐만 아니라, 삶의 많은 문제를 해소할 좋은 기회를 갖게 되기 때문이다.

있는 그대로 수용하기

내적이나 외적으로 현재 상황을 있는 그대로 수용하는 것은, 삶에 대한 저항을 멈추는 것이고, 생각과 감정을 통제나 조절함이 없이 있는 그대로 경험하는 것이다. 현재 상황을 있는 그대로 수용하면, 우리의 내면은 안정되어 고요함이 자라난다.

삶에 대한 저항을 멈추는 것은, 우리에게 어떤 상황이 닥치더라도 그 모든 상황을 환영하는 것이다. 그러나 늘 우리가 삶을 외면하고 생각과 감정을 간택하며 살아왔기에, 저항을 멈추려고 하면 내면에는 현재 상황을 경험하지 않으려고 부정적인 생각과 감정이 꼬리에 꼬리를 물고 일어난다. 우리의 내면은 잠시도 고요해지고자 하지 않으며,

우리가 생각과 감정에 휘둘릴 때 우리는 조절과 통제를 통해 마치 자신이 삶을 통제하고 있는 것과 같은 만족감과 존재감을 키움으로써 에고는 더욱 강화되기 때문이다.

아이러니하게도, 우리가 생각과 감정을 조절하거나 통제하면 할수록 불행해짐에도 불구하고, 더 많은 생각과 감정을 일으키며 조절과 통제를 이어 간다는 사실이다. 우리가 이 사실을 자각하고 저항을 멈출 때, 내면은 고요해지고 생각과 감정은 더는 우리를 괴롭히지 않게 된다.

① 저항 멈추기

우리의 삶은 늘 저항의 연속이다. 내적으로는 끊임없이 생각과 감정에 휘둘려 그것들을 없애려고 하고, 외적으로는 삶에 대한 기대가 있기에 삶을 끊임없이 부정하고 거부한다. 그러나 우리에게 자신이 원하는 생각과 감정과 삶이 찾아온 적이 있는가?

늘 삶에 대해 저항하기에 내면에는 잠시도 다툼이 멈추질 않는다. 그리고 미래에 대한 기대가 있기에 다가오는 삶은 늘 불안하다. 그러나 우리가 생각과 감정과 삶으로부터 자유로워지는 방법은 그것에 대한 저항을 멈추고 그것을 환영하는 일이다.

흙탕물을 맑게 하는 방법은, 맑게 만들기 위한 모든 노력을 내려놓고 그냥 내버려 두는 것이다. 어느 정도의 시간이 지나면 진흙은 가라앉고 물은 아주 맑아진다. 이것은 우리가 흙탕물을 맑게 하려고 해서 맑아진 것이 아니라, 아무것도 하지 않음으로써 저절로 맑아진 것이다. 우리의 생각과 감정도 이와 마찬가지다. 저항을 멈추고 통제와 조절을 내려놓으면 그것을 경험할 힘이 생겨난다. 노자는 말한다.

성인이 말하기를, 내가 아무 일도 하지 않아 백성이 스스로 교화되고, 내가 고요함을 좋아하여 백성은 스스로 바르게 되며, 내가 아무 일도 꾀하지 않아 백성이 스스로 부유하고, 내가 욕심을 부리지 않아 백성이 스스로 본래 그대로가 된다.[28]

노자의 말처럼, 우리가 아무런 행위를 하지 않고 저항을 멈추면 생각과 감정은 스스로 아무런 문제가 없어진다. 이렇게 해서 내면이 고요해지면 우리 내면에는 사랑이 생겨난다. 이처럼 저항하지 않고 있는 그대로 두기에, 내면은 더욱 풍요해지고 욕심을 부리지 않아 자신의 본성을 회복하게 된다.

그럼에도 불구하고, 왜 우리는 생각과 감정에 대한 저항을 멈추지 않고 통제와 조절을 하는 것일까? 그것은 우리가 경험하기 싫은 생각과 감정을 그냥 내버려 두면, 그것이 사라지지 않고 우리를 영원히 괴롭힐 것이라 여기기 때문이다. 그러나 노자는 다음과 같이 말한다.

자연은 말이 드물다. 그러므로 회오리바람은 아침나절 내내 불지 않고 소나기는 종일 내리지 않는다. 누가 이러는가? 하늘과 땅이다. 하늘과 땅이 이렇게 오래가지 못하거늘 하물며 사람에게 있어 그러하겠는가?[29]

노자는 회오리바람이 아침나절 내내 불지 않고 소나기는 종일 내리

---

28 『노자』, 58장, "聖人云, 我無爲而民自化, 我好靜而民自正, 我無事而民自富, 我無欲而民自樸".

29 『노자』, 23장, "希言, 自然. 故, 飄風, 不終朝, 驟雨, 不終日, 孰爲此者, 天地. 天地, 尙不能久, 而況於人乎".

지 않듯이, 우리를 집어삼킬 것만 같은 생각과 감정도 영원할 것 같지만, 아무런 저항도 하지 않고 가만히 내버려 두면 이내 멈추고 만다고 말한다. 이처럼, 우리가 삶에 대해 아무런 저항을 하지 않을 때 생각과 감정은 우리를 어떻게 하지 못한다. 그러므로 우리에게 어떤 저항감이 생겨나더라도 그것을 멈출 수 있어야 한다.

② 생각과 감정 경험하기

우리가 생각과 감정과 삶에 저항하지 않을 때, 그것을 분별하지 않고 있는 그대로 경험할 수 있게 된다. 마음공부에서 경험한다는 것은 생각과 감정과 삶을 '좋다/나쁘다' 등으로 구별하지 않고 자각 속에 그 모두를 사는 일이다. 장자는 이것을 '무정(無情)'이라고 말한다.

내가 정이 없다고 하는 것은 사람이 좋고 나쁨에 의해 자신의 몸속을 해치지 않고 언제나 자연을 따르면서 삶을 덧붙이려 하지 않음을 말하는 것이다.[30]

자신의 상황을 부정하는 생각이나, 그 생각으로 인해 생겨나는 두려움과 불안과 같은 감정은 사실 자신의 삶을 파괴하기 위해 생겨난 것이 아니라, 우리가 평화를 살 수 있게 하도록 존재계가 보낸 선물이다. 우리는 부정적인 무엇인가를 피하려고 할 때 그것과 자주 마주치게 되고, 그것을 경험할 때 그것은 더는 우리를 힘들게 하지 않기 때문이다.

---

30 『장자』, 「덕충부」, "吾所謂無情者, 言人之不以好惡內傷其身, 常因自然而不益生也".

우리가 두려움과 불안함과 같은 감정을 싫어하기에, 존재계는 우리에게 그것과 만날 기회를 제공하여 우리가 평화를 얻을 수 있도록 도와준다. 우리가 그것을 기꺼이 맞이한다면 그것이 무엇이든 상관없이 우리에게 행복을 가져다주기 때문이다. 우리가 경험하는 다양한 고통은 상황을 외면하기 때문에 생겨나는 생각과 감정일 따름이다. 그러므로 두려움과 불안함 등 우리를 힘들게 하는 감정을 있는 그대로 경험할 때, 더는 그 감정에 휘둘리지 않게 될 뿐만 아니라, 평화와 행복과 도가 그것과 따로 존재하는 것이 아님도 알게 된다.

현재 상황이 아무리 힘든 상황일지라도 그것은 자신을 절망적인 상태로 빠뜨리기 위한 것이 아니라, 우리가 에고에서 완전히 벗어날 기회를 주는 좋은 상황임을 이해할 때, 두려움은 곧장 사라지고 내면에는 평화가 싹튼다. 그러므로 자기에서 생겨나는 상황이 긍정적으로 보이든 부정적으로 보이든 상관없이, 있는 그대로 경험해야 한다.

우리에게 일어나는 생각과 감정은 꼭 필요한 상황에 생겨난 에너지의 한 형태임에도 불구하고, 우리에게 불안함과 두려움을 느끼게 한다는 이유로 그것을 거부하기에 내면은 늘 평화롭지 않다. 하지만 생각이나 감정은 우리가 없애려고 해서 없앨 수 있는 것이 아닐 뿐만 아니라, 보내려고 해서 보낼 수 있는 것도 아니다. 그저 상황에 맞게 일어났다가 때가 되면 사라질 뿐이니, 그것을 차별할 필요가 없다. 이런 맥락에서 노자는 다음과 같이 말한다.

성인은 고정된 마음이 없어 백성의 마음으로 자기의 마음으로 삼으니, 착한 사람을 착하게 대하고 착하지 않은 자를 또한 착하게 대하니 덕은 오직 착하기 때문이다. 진실한 자를 진실하게 대하고 진실하지 않

은 자 또한 진실하게 대하니 덕은 진실하기 때문이다.[31]

이처럼 노자는 부정적으로 여기는 생각과 감정까지도 착하게 대하거나 진실하게 대한다고 말한다. 생각과 감정을 간택 없이 경험하는 것이 자신에게 닥친 삶을 온전히 사는 일이기 때문이다.

우리가 평화를 얻기 위해서는 현재 발생한 상황을 있는 그대로 경험하는 것이 중요하다. 현재 발생한 상황을 있는 그대로 경험하는 것은 생각과 감정과 상황에 굴복하여 그것에 매몰되는 것이 아니라, 현재 일어난 일에 감사하며, '지금-여기'를 사는 일이다.

있는 그대로의 자기 사랑하기

생각과 감정과 상황을 분별하지 않고 경험하면 생각과 감정은 우리를 혼란에 빠뜨리기 위해 더욱더 거세게 일어난다. 심지어 자괴감에 빠지거나, 너무나도 초라하고 못마땅한 자신과 마주치게 되는 경우도 허다하다. 그러므로 이런 상황에서 현재를 있는 그대로 경험하고 분별하지 않는 삶을 살기 위해서는, 자신을 있는 그대로 사랑하는 것이 중요하다.

있는 그대로 자신을 사랑한다는 것은 자신의 사랑스러운 모습뿐 아니라, 자신이 못마땅하게 여기는 부분까지도 있는 그대로 사랑하는 것이다. 우리를 변화시키는 것은 사랑이기에, 자신이 한없이 보잘것없

---

31 『노자』, 49장, "聖人無常心, 以百姓心, 爲心, 善者, 吾善之, 不善者, 吾亦善之, 德善矣. 信者, 吾信之, 不信者, 吾亦信之, 德信矣".

어 보이고 초라해 보이더라도 있는 그대로의 자기를 사랑할 수 있어야 한다. 물론 이때에도 무엇보다 중요한 것은 더 나은 자기로 바꾸려는 노력 없이 무위로써 자신에게 사랑을 보내는 것이다. 그리고 그 사랑을 바탕으로 자신을 텅 비우는 일이다.

① 자신에게 따뜻한 사랑 보내기

우리가 생각과 감정을 조절하지 않거나, 또 그것을 가만히 두려고 하면 할수록 우리의 내면에는 자괴감과 두려움과 같은 우리가 경험하기 힘든 감정들이 더 많이 생겨난다. 이럴 때일수록 자신을 다루지 않는 무위로써 자신에게 따뜻한 사랑을 보낼 수 있어야 한다. 우리를 변화시키는 것은 사랑이기에 다른 사람의 사랑을 기다릴 필요도 없이 자기가 자기를 사랑으로 대하면 충분하기 때문이다.

누구나 실수를 하기 마련이고, 지구상에 실수하지 않는 사람은 아무도 없다. 그러나 우리가 실수할 때, 당연히 일어날 실수가 일어났다고 생각하는 사람은 드물다. 그래서 실수한 자신을 질책하거나 비난하는 경우가 대부분이다.

다른 사람이 실수하면 관대하게 그 사람을 대하려고 하면서도, 정작 따뜻하게 대해야 하는 자신에게는 따뜻한 시선을 보내지 않는다. 그러면서도 다른 사람이 자기를 위로해 주기만을 기대한다. 그러나 다른 사람도 자기의 실수를 질책하느라 다른 사람에게 따뜻한 위로를 해 줄 만큼 마음에 여유가 없다. 그러므로 우리가 누군가에게 사랑을 기대하기에 앞서 힘들어할 필요 없이, 자신을 있는 그대로 사랑할 수 있어야 한다.

물은 낮은 곳으로 스며들어, 모든 것을 살리고 변화시킨다. 마음교육에서 모든 존재를 살리고 변화시키는 물과 같은 역할을 하는 것은 사랑이다. 사랑은 우리가 아주 작은 미움을 품기만 해도 쉽게 사라지지만, 일단 조금이라도 가슴속에 스며들게 되면 곧장 사랑의 존재로 변화시킨다. 노자는 다음과 같이 말한다.

> 세상에서 가장 부드러운 것이 세상에서 가장 단단한 것을 부리고, 형체가 따로 없는 것이 틈이 없는 사이로 들어가니 나는 이런 까닭에 무위의 유익함을 안다. 말 없는 가르침과 무위의 이로움은 세상에서 이를 따를 것이 없다.[32]

우리가 경험하기 싫은 자신의 잘못이나 실수에 대해 비난 대신에 무위로써 자신에게 사랑을 보낸다면, 그 사랑은 곧장 우리의 내면 깊이 스며들 것이다. 우리에게 필요한 것은 지나간 일에 대한 비난이 아니라, 있는 그대로의 자신에게 따뜻한 사랑을 보내는 일이다. 노자의 말처럼 "사랑으로써 전쟁하면 이기고, 사랑으로써 지키면 단단하니, 하늘이 장차 그를 구원하여 사랑으로써 지켜 줄 것"[33]이기 때문이다.

② 텅 빔으로 현존하기

우리가 생각과 감정을 경험하고 자신에게 사랑을 보낼 수 있다면, 우리는 점점 텅 빔으로 현존할 수 있게 된다. 그러나 우리가 자기 내면에 무엇인가로 가득 채울 때 마음은 심란해지고 삶은 더욱 혼란스

---

32 『노자』, 43장, "天下之至柔, 馳騁天下之至堅, 無有, 入無無間, 吾是以, 知無爲之有益. 不言之敎, 無爲之益, 天下希及之".

33 『노자』, 67장,. "夫慈以戰則勝, 以守則固, 天將救之, 以慈衛之".

러워진다.

우리는 생각과 감정이 요구하는 무엇인가로 자신을 채우기에 급급한 나머지, 생각과 생각, 생각과 감정, 감정과 감정 사이의 틈을 바라보지 않는다. 그러나 우리가 아주 작은 틈이라도 그것을 바라본다면, 빈 공간이 무척 넓음을 알 것이다. 그리고 그 공간을 바라보고 머물 수 있는 만큼 자신의 내면은 행복으로 채워진다는 사실도 자각할 것이다. 장자는 텅 빈 것을 잘 보라고 말한다.

저 텅 빈 것을 잘 보라. 아무것도 없는 텅 빈 방에 눈부신 햇살이 비쳐 환히 밝지 않으냐. 행복도 이 호젓하고 텅 빈 곳에 머무는 것이다.[34]

우리가 텅 빔으로 현존해야 하는 이유는, 도는 텅 빔 속에 모이고, 행복과 평화와 자유도 텅 빔 속에 깃들기 때문이다. 텅 빔으로 현존하는 것은 생각과 감정이 생겨나는 바탕인 텅 빔을 자각하는 일이다. 즉, 생각과 감정에 관심을 두지 않고, 텅 빔 그 자체에 초점을 맞추어 곧장 처음으로 돌아가는 일이다. 마치, 해와 별, 구름 등을 보는 것을 통해 하늘이 존재한다는 사실을 아는 것이 아니라, 허공을 곧장 자각함으로써 하늘 그 자체를 알아차리는 것이다.

자신에게 생겨난 행위의 결과에 대한 두려움, 자신과 다른 사람으로부터의 비난, 나는 아무것도 아니라는 초라한 감정 등 우리는 이런 것들을 자신과 동일시함으로써 고통을 겪지만, 사실 자기에게 생겨나는 생각과 감정 그 어느 것도 자기가 아니다. 그러므로 텅 빔으로 현

---

34 『장자』, 「인간세」, "瞻彼闋者. 虛室生白. 吉祥止止".

존함을 통해, 우리는 생각과 감정이 자기가 아님을 알아차리고 곧장 그 처음을 회복할 수 있어야 한다.

물론 하늘이 별과 구름 등과 함께할 때 완전한 하늘이듯이, 우리도 생각과 감정과 텅 빔을 함께 자각할 때 삶에 아무런 문제가 없는 것이다. 다만, 우리가 생각과 감정이 만든 에고만을 자기라고 여기고 휘둘리기에, 텅 빔을 자각하게 함으로써 그것에서 벗어나 자유로운 삶을 살 수 있게 하기 위한 것이다.

우리에게 텅 빔을 자각할 수 있는 능력이 향상될수록 생각과 감정과의 동일시는 점차 사라지고 우리는 더욱더 자유로운 삶을 살 수 있다. 장자는 텅 비워 마음의 작용이 거울과 같을 때, 일을 행함에 몸을 손상시키지 않을 수 있다고 말한다.

하늘로부터 받은 것을 온전히 하고, 얻은 것이 있다고 생각하지 말라. 오직 텅 비울 뿐이다. 지인(至人)의 마음 작용은 거울과 같다. 보내지도 맞이하지도 않는다. 응대하되 감추지 않는다. 그러므로 일에 응대하여 몸을 손상하지 않을 수 있다.[35]

하늘로부터 받은 것은 우리의 본성이다. 우리의 본성은 바깥에서 구하여 얻은 '무엇'도 아니고, 나에게 없었다가 생겨난 어떤 '능력'도 아니다. 우리의 본성은 자신의 마음을 텅 비울 때 생겨나는 사랑, 행복, 도, 평화이다. 그러므로 장자는 우리의 본성을 바깥에서 구하지

---

35 『장자』, 「응제왕」, "盡其所受乎天, 而无見得. 亦虛而已. 至人之用心若鏡, 不將不迎, 應而不藏. 故能勝物而不傷".

말고, '하늘로부터 받은 것을 온전히 하고, 얻은 것이 있다고 생각하지 말라'고 말하는 것이다.

또 장자는 "지인의 마음의 작용은 거울과 같다"라고 말한다. 장자의 말처럼 마음의 작용이 거울과 같으려면 내면을 텅 비워야 한다. 그리고 마음의 작용이 거울과 같을 때, 지나간 일을 후회하지 않고 아직 오지 않은 일에 대해 걱정하지 않을 수 있는 것이다.

결국, 성인(聖人)이 되는 것도 텅 빔으로 현존하는 일이고, 청소년 마음교육도 청소년이 텅 빔으로 현존할 수 있는 능력을 키우는 일이다. 청소년 마음교육이 성인이 되는 일과 같다고 하여 이 일을 어렵게 여길 수 있으나, 이 일은 결코 어려운 일이 아니다. 단지 생각과 감정에 저항하지 않고 있는 그대로 경험하며, 자신에게 따뜻한 사랑을 보내고, 자기 내면의 빈 공간을 바라볼 수 있으면 충분하다.

과거의 기억을 통해 생겨난 두려움과 후회, 과거의 조각들로 만들어진 미래에 대한 불안과 두려움 등, 이런 것들은 '지금-여기'에 실제로 존재하지 않는다. 우리가 '지금-여기'에 있지 않은 것에 마음이 빼앗기지 않을 수 있다면, 삶의 모든 문제는 해소될 것이다.

우리는 언제 어디서든 텅 빔을 자각함으로써 내면에 생각과 감정이 자유롭게 오갈 수 있도록 해야 한다. 그래서 내면에 행복과 사랑과 평화를 더욱 크게 싹틔울 수 있어야 한다.

4. 청소년의 아름다운 삶

본성 회복으로서의 삶

제4차 산업혁명 시대를 살아갈 청소년 모두가 자신이 원하는 직업을 얻어 실업 문제가 완전히 해결된다면 과연 청소년들이 두려움과 불안이 없는 행복한 삶을 살 수 있을까? 그리고 불확실한 미래를 살아가야 하는 그들이 끊임없이 생겨나는 생각과 감정에 더는 휘둘리지 않고 자유로운 삶을 살까?

이 두 가지 물음 중 어느 한 가지라도 "그렇다"라고 답하는 것은 어려울 것이다. 그러므로 청소년 마음교육을 '직업과 일자리와 관련된 불안과 두려움 해소'에 초점을 맞추는 것보다, 자신을 육체와 동일시하는 것에서 비롯되는 생로병사의 문제와, 불안과 두려움을 포함한 모든 생각과 감정과의 동일시로 인해 겪게 되는 삶의 다양한 문제를 한꺼번에 해결하는 방법으로 접근할 필요가 있다. 이런 맥락에서 제4차 산업혁명 시대의 청소년 마음교육은 자기의 본성을 회복하는 일을 통해 이루어져야 한다.

우리가 자기의 본성을 알게 되면 몸에 대한 동일시로부터 생겨나는 생사의 문제를 해결할 수 있고, 생각과 감정을 동일시함으로써 일어나는 고통 등에 대해서도 자유로울 수 있다. 그리고 어떤 상황에서도 자신의 이기심을 개입시키지 않고 공적(公的)으로 행위를 할 수 있다. 또 자신을 다른 무엇과도 동일시하지 않을 때, 자기 삶의 주인이 되어 지금 자신이 하고 있는 일을 통해 자신과 타인의 행복을 위해 살아가는 홍익인간으로서의 삶을 살 수 있다(정재걸·홍승표·이승연·이현지·백진호, 2015: 299). 장자는 열자(列子)의 경우를 통해 본성을 회복한 청소년의 삶이 어떠한지에 대한 실마리를 제공한다.

그런 일이 있고 나서, 열자는 비로소 자기가 아직 학문을 제대로 하지 못했음을 깨닫고 집으로 돌아가 3년 동안 나가지 않았다. 아내를 위해 밥도 짓고, 돼지 먹이기를 사람 먹이듯이 했으며, 세상일에 좋고 싫음이 사라졌다. 온갖 꾸밈을 버리고 본래의 소박함으로 돌아갔다. 무심히 홀로 그 형체를 지니고 서서 어지럽게 만물과 뒤섞였다. 오로지 이처럼 하여 일생을 마쳤다.[36]

그런 일이란, 열자의 스승 호자(壺子)가 신(神)들린 무당 계함(季咸)에게 허무대도(虛無大道)라는 무상(無相)의 상을 보여 준 것을 말한다(감산, 1990: 255). 호자는 자기를 텅 비워 삶에 순응하는 모습을 계함에게 보여 줌으로써 자신이 어떤 사람인지 알 수 없게 했다. 그렇게 하자, 계함은 얼이 빠진 채 도망쳤다.[37] 열자는 이 일을 겪은 후, 공부는 자기의 본성을 아는 일임을 자각하게 된다.

열자는 본성 회복 공부는 굳이 집을 떠날 필요 없이 어디서든 가능한 일임을 알았기에, 집으로 돌아와 아내를 위해 밥을 짓는 등, 예전에 자질구레하게 여기고 소홀히 했던 일상의 일을 통해 마음공부를

---

36 『장자』, 「응제왕」. "然後列子自以爲未始學而歸, 三年不出. 爲其妻爨, 食豕如食人, 於事無與親. 雕琢復朴, 塊然獨以其形立, 紛而封哉. 一以是終".
37 『장자』, 「응제왕」. "鄕吾示之以未始出吾宗, 吾與之虛而委蛇, 不知其誰何". 일화에 대한 자세한 내용은 『莊子』(안동림 역주, 2017) 227~232쪽 참고.

했다. 우리가 밥을 할 때 다른 무엇에도 마음을 빼앗기지 않고 마음을 텅 비운 채 밥을 지을 수 있다면[致虛], 그때 밥을 가장 잘 지을 수 있을 뿐만 아니라, 밥 짓는 행위 그 자체가 도의 삶을 사는 일이 될 것이다. 그리고 밥 짓는 행위 속에 행복과 평화도 함께 있을 것이다. 물론 어떤 일이든 밥을 지을 때처럼 한다면 모든 일을 잘할 수 있을 것이다.

열자는 동물을 사람과 차별하지 않았을 뿐만 아니라, 다른 존재를 자신과 둘로 여기지도 않았다. 그리고 생각과 감정과 삶을 좋고 나쁨으로 간택하지 않고 그 모두를 살았다[守靜]. 열자는 다른 사람에게 자신을 드러내고자 가식을 부리지 않았고, 언제 어디에서든 처음을 회복했다[復其初]. 자기와 삶은 있는 그대로 아무런 문제가 없는 것이기에, 모든 일을 행위 하지 않음으로써[無爲] 했다. 그리고 그는 '지금-여기'의 삶을 살며, 일생을 마쳤다.

'지금-여기'와 삶

삶의 아름다움은 '지금-여기'를 살 때 가능하다. 도가 사상이 우리에게 전하고 싶은 메시지는, 자신이 행복과 평화와 도와 하나 되려면, 현재 닥친 생각과 감정과 삶이 긍정적으로 보이든 부정적으로 보이든 상관없이 그 모두를 차별 없이 살라는 것이다. 그러나 우리는 '지금-여기'를 살지 않는다. 진짜로 존재하는 것은 '지금-여기'의 삶임에도 불구하고, 우리는 그것을 바꿔야 할 좋지 않은 것이라 여긴다.

제4차 산업혁명 시대의 주역으로 살아갈 청소년들이 자신의 불안이나 두려움 없이 자신의 삶을 주인으로서 행복하게 살기 위해서는,

자기가 세상을 어떻게 바라보는지를 바라보고, 자기의 생각과 감정을 조절하거나 통제하지 않으며, 삶을 있는 그대로 받아들일 수 있어야 한다. 그리고 있는 그대로의 자기를 사랑할 줄 알고, 자신의 내면을 텅 비워 '지금-여기'를 살 수 있어야 한다.

평화와 행복과 사랑은 '지금-여기'를 살 때 생겨난다. 그리고 '지금-여기'를 살 때 하는 일 그 자체를 목적으로 살아, 삶을 진실하게 살 수 있고, 그 진실함으로 인해 미래는 더욱더 좋은 상태로 맞이할 수 있다. 우리에게 실제로 존재하는 것은 '지금-여기'의 삶이기에, 우리가 두려워하는 미래를 자기가 원하는 삶으로 만드는 방법도 오직 자기를 텅 비운 채 '지금-여기'를 사는 일이다.

물론 청소년이 마음공부를 자기 내면의 문제를 해결하는 것에서 멈춘다면 그 공부는 반쪽에 불과하다. 그러므로 자신의 문제를 해결한 청소년은 자신의 내면에 생겨난 사랑과 평화와 행복을 다른 존재에게 나누어 줄 수 있어야 한다.

제3장
독일의 영혼의 돌봄 프로그램은
어떤 것인가

1. 제4차 산업혁명과 마음교육

새로운 청소년교육 패러다임의 필요성

인공지능, 사물인터넷, 빅데이터 등 제4차 산업혁명의 도도한 물결이 밀려오고 있다. 현대 사회를 지탱하던 세계관과 가치관, 그리고 모든 사회 시스템이 와해될 것이며, 청소년들은 지금과는 판이한 세상을 살아갈 것이다. 청소년들이 받고 있는 기존의 암기식 공부 방식으로는 미래가 없다. 인공지능을 탑재한 로봇은 인간보다 훨씬 더 잘 생각하고, 판단하며, 실행할 수 있기 때문이다.

독일과 미국 등 전 세계는 새로운 청소년교육 패러다임을 모색하고 있다. 창의력 개발, 소통 능력 강화, 협업 능력 배양 등이 그 대응물이다. 우리도 창의융합교육, 진로교육 확대, 자유학기제 시행, 디지털 교육 강화 등 다양한 노력을 펼치고 있다. 그런데 이런 대응 노력이 갖고 있는 공통점은 새로운 시대에 대한 적응력을 높이고자 하는 것이지,

적극적으로 새로운 시대를 선도할 인재 양성이 아니라는 것이다.

물론 여전히 사라져 가는 시대의 끝에 한 발을 담그고 살아가야 할 청소년들에게 이런 다양한 적응 교육은 꼭 필요한 것이다. 그러나 이것이 새로운 교육의 모든 것이 될 수 없고, 되어서도 안 된다. 그들이 새로운 시대의 항해를 즐기기 위해서는 새로운 교육이 절실히 요구된다. 새로운 교육의 핵심은 마음교육이다. 이 연구는 바로 이런 시대적인 맥락의 한가운데에서, 제4차 산업혁명에 부응하는 청소년 마음교육 프로그램을 개발하고자 한 것이다.

제4차 산업혁명은 청소년교육의 혁신을 요구하며, 혁신의 중심에 마음교육이 있다. 현 청소년교육은 새로운 시대의 요구에 부응하지 못하고 있는바, 본 연구진은 동양사상의 기반 위에서 제4차 산업혁명에 부응하는 청소년 마음교육 프로그램을 개발하고자 하며, 이는 시대적인 필요성이 지극히 크다.

우리나라의 대비

제1차 산업혁명은 농경사회로부터 산업사회로의 사회 변동의 기폭제가 되었다. 제4차 산업혁명은 이보다 더 급진적인 사회 대변혁을 예고하고 있다. 이미 제4차 산업혁명은 우리의 삶과 사회에 영향을 미치기 시작했다. 청년실업률 증가를 포함한 대량실업과 고용불안, 이로 인한 자본주의 시스템의 혼란 등은 그 대표적인 예이다. 제4차 산업혁명에 능동적으로 그리고 창조적으로 대응해 나가는 것은 현 인류에게 부여된 중대한 과업이다. 교육 영역에서의 대응도 중요하다. 더군다나 현재의 청소년들은 제4차 산업혁명이 본격화된 시대를 살아가야 하기 때문에 청소년교육의 경우, 그 중요성이 더욱 크다.

현실을 돌아보면, 제4차 산업혁명에 대비하는 청소년교육은 심각하게 낙후되어 있다. 물론 우리나라 교육부도 나름 대응 노력을 기울이고는 있다. 2016년 12월 교육부가 발표한 학사제도 개선안은 창의융합교육의 확대와 원격수업 제공 등을 골자로 하는데, 이는 본격화되고 있는 제4차 산업혁명에 대비하고자 한 것이다. 중고등학교 또한 이에 발맞추어 자유학기제 실시, 진로체험학습 확대를 특징으로 하는 교육과정 개편, 창의융합교육, 디지털 수업 등을 중심으로 하는 수업 방법 개선, 그리고 평가 방법의 다변화 등을 꾀하기 시작했다. 그런데 문제는 이것이 제4차 산업혁명의 하부구조를 위한 교육이 될 수는 있지만, 그 속에서 실제로 살아가야 하는 개개인, 즉 인간에 대한 고려는 누락되어 있다는 것이다.

청소년 불안에 대한 창조적 대응

제4차 산업혁명은 취업에 대한 불안을 증대시키는데, 청소년들이 이런 불안에 창조적으로 대응할 수 있는 능력을 배양하는 교육은 거의 시도조차 되지 않고 있다. 또한 직업이 급속히 축소되는 시대를 맞아서, 직업교육으로서의 진로교육과 더불어 이를 보완하는 인간다움을 추구하는 교육이 요구되고 있지만, 그 역시 전혀 대응적인 교육이 없다. 본 연구는 제4차 산업혁명 시대를 맞은 현 상황에서 능동적인 대응이 이루어지고 있지 못한 청소년교육의 문제점을 비판적으로 검토하고, 대안적인 교육으로 청소년 마음교육을 제시하고자 한다.

많은 미래학자들은 제4차 산업혁명이 가져올 과학기술적인 측면에서의 발달이 사람들에게 엄청난 고통을 주게 될 것이라고 경고한다. 무엇보다 가시화되고 있는 실업문제와 기계와 인간의 대결 구도, 극심한 빈부격차 등이 비관론의 근거이다. 특히, 실업문제는 심각한 불안 요소로 작용하고 있다.

현재의 교과과정이나 학사제도 개선안으로는 이 문제에 능동적으로 대처할 수 없다는 점이 분명하다. 이에 대한 대안은 마음교육이다. 마음교육이란 무엇일까? 인간에게는 '에고[분리된 개체로서의 나]'를 넘어서는 '참나'가 내재해 있다. '참나'를 자각하고 활성화시키고자 하는 교육을 우리는 '마음교육'이라고 부른다.

마음교육이 제4차 산업혁명 시대에 부응하는 새로운 교육이라고 했을 때, 어떻게 청소년 마음교육 프로그램을 개발할 수 있을 것인가? 제4차 산업혁명에 부응하는 청소년교육 재편의 핵심은 직업 준비교육으로부터 마음교육으로의 전환이다. 마음교육에 대한 시도가 일부 있기는 했지만 대부분이 심신 안정을 통한 스트레스 해소 등이 주를 이루며, 더구나 제4차 산업혁명과의 접목을 시도한 사례는 전무하다.

2. 독일의 영혼의 돌봄 프로그램과 한계

영혼의 돌봄 프로그램과 목회상담

독일의 '영혼의 돌봄(Seelsorge)' 프로그램은 기독교 문화에 기반을 둔 일종의 마음치유 프로그램이다. 'Seelsorge'는 'Seele(영혼)'과 'Sorge(돌보다)'의 합성어로 영혼 혹은 정신을 돌본다는 뜻이 있다. 이 프로그램에서는 각종 심리적인 문제에 시달리고 있는 사람들의 영혼을 종교적인 특성을 활용하여 치유한다. 이 프로그램을 주도하는 사람을 'Seelsorger'라고 하는데, 분야별 특수성을 고려하여 각 분야에 적합한 교육을 받으면 누구나 할 수 있다. 즉 '경찰 마음치유', '시각장애인을 위한 마음치유', '병원에서의 마음치유', '위급 상황에 처한 사람들을 위한 마음치유', '재소자를 위한 마음치유', '소방관을 위한 마음치유', '군인을 위한 마음치유', '아이들과 청소년을 위한 마음치유', '대학생을 위한 마음치유' 등과 같은 프로그램들이 운영되고 있다(남유선, 2013: 427-428). 독일에서 영혼의 돌봄 프로그램은 오프라인 상담과 유무선상의 전화, 인터넷을 이용한 온라인 상담으로 이루어지고 있다(남유선, 2013: 428).

우리나라에서 'Seelsorge'는 '목회상담'으로 번역되어 사용되고 있으며, 주로 종교단체에서 신자들을 대상으로 시행하는 마음치유 프로그램을 뜻한다. 우리나라의 목회상담은 치유 자체에 초점을 맞추는 일반 상담과는 달리 인간의 영성 회복에 강조점을 둔다. 오성춘은 목회상담의 기본 과제를 다음과 같은 세 가지로 정리하고 있다(오성춘, 1992: 13-14).

넘치는 생명의 삶의 회복: 이것이 목회상담의 기본 과제이며 상담자가 마음에 품고 상담해야 할 주제이다.

치유, 지탱, 인도, 화해: 이것은 목회상담의 기본 과제인 하나님의 형상을 회복시키기 위해 수행하는 부정적인 측면의 상담 과제이다.

하나님과의 생명의 관계 회복: 이것은 하나님의 형상회복의 기본 과제 수행을 위해 목회상담자가 담당해야 할 긍정적 측면의 과제이다.

영혼 돌봄의 의미

영혼 돌봄의 구체적인 의미는 세 가지로 나누어 볼 수 있다(김춘경 외, 상담학사전, 2016). 첫째, 교회에서 목회자가 하는 폭넓은 돌봄의 행위를 의미한다. 즉, 예배를 인도하고, 설교를 통해 하나님의 말씀을 전하고, 아프거나 어려움에 처한 성도를 방문하고, 교구를 돌보는 다양한 형태의 영혼 돌봄을 의미하는 것이다. 목회자는 이러한 영혼 돌봄의 행위를 통해 성도들이 구원의 올바른 길로 갈 수 있도록 도와주며, 평안하고 행복한 삶을 유지하는 데 도움을 주는 역할을 한다. 둘째, 좁은 의미에서의 영혼 돌봄은 교회에서 목회자가 사람들과의 대화를 통해 그들이 생각하고 행동해야 할 방향을 제시해 주면서 격려하고, 하나님이 원하시는 올바른 삶을 살 수 있도록 도와주는 특정한 영역의 활동만을 의미하기도 한다. 셋째, 영혼 돌봄은 목회상담의 특정 활동을 의미하기도 한다. 즉, 기독교적 원리와 믿음에 동조하는 기독교인 상담자가 삶의 궁극적인 어려움에 처해 있는 내담자를 돕고 치료하는 것이 목회상담인데, 목회상담자가 내담자를 돕는 활동을 영혼 돌봄이라고 한다.

고난과 영혼 돌봄

목회상담학의 한편에서는 성서에 근거하여 고난을 직접 대면하는 것을 중심으로 영혼을 돌보아야 한다는 주장도 있다. 김나함은 사람들이 부정적으로 보고 피하고 싶어 하는 고난이 인간이 남을 이해하고 위대한 삶을 창조하는 길이라고 주장한다(김나함, 2007). 그는 성서에서 말하는 타락한 인간은 고난의 길이 그의 길이며 이 고난을 통해서 자기 인식뿐만 아니라 참된 삶의 의미를 가지고 발전한다는 점에서 고난과 삶의 관계는 창조적이고 긍정적이라고 주장한다. 이런 측면에서 현대인의 가장 위험한 가치관은 인간이 함께 걸어가야 할 정상적인 고난의 길을 피하고 제각기 편리하고 고통 없는 삶을 찾는 데 있다고 볼 수 있다. 물론 그렇다고 해서 고난 자체를 우리 삶의 의미와 동일시하거나 삶의 목표로 볼 수는 없을 것이다. 다만 고난으로부터 도피하지 않고 맞서 그것을 수용할 때 비로소 인간은 진정한 삶의 목표를 발견할 수 있게 된다는 것이다.

구약 창세기 3장에 보면 인간이 하나님에게 처음으로 범죄 하였을 때 하나님이 인간에게 삶의 합당한 의미로 준 것이 고난이었다. 하나님이 준 그 고난의 길은 특별히 창조하고 생산하는 일에 관련된 고난이었다. 따라서 우리가 우리 앞에 놓인 어려운 일을 싫어하고 고난을 피하고자 하는 자는 어떤 의미에서 볼 때 인간 되기를 포기하는 것과 같다고 할 것이다. 김나함은 현대 문명의 중대한 위기는 인간이 과학 발전으로 어떻게 하여 인간의 모든 고난을 제거하려고 한 데서 온다고 본다. 그에 따르면 고난은 제거되는 대상이 아니고 함께 살아야 하는 대상인 것이다. 따라서 목회상담의 핵심은 고난에 시달리면서 삶 전체를 부정하거나 포기하려는 자들에게 바른 상담을 통해 치유하는 데 있다.

소울 케어

영혼의 돌봄과 유사한 개념으로 '소울 케어'라는 말이 있다. 소울 케어는 민디 켈리콰이어에 의해 1998년 설립된 기관 이름이다(민디 켈리콰이어, 생명의말씀사, 1998). 그녀는 남편이 윌로우크리크 커뮤니티 교회에서 일하고 있을 때 영성 훈련 사역을 시작하였다. 사역을 하던 중 2달 동안 심한 어지럼증으로 침대에 누워 지내게 되는데, 그때 하나님과 새로운 방식으로 깊은 관계를 맺으면서 공허함과 절망에 빠졌던 영혼이 회복되고 새로워지는 것을 체험했다. 일기 쓰기, 영성 훈련 도서 읽기, 깊은 관계 맺기 등은 그녀의 삶에서 가장 중요한 부분이 되었다. 이러한 경험과 영혼 회복을 향한 열정을 바탕으로 1998년에 '소울 케어'를 세웠다.

소울 케어 사역과 웹사이트(www.soulcare.com)를 발전시켜 나가면서 그녀는 윌로우크리크 교회에서 영성 훈련과 기도를 지도하며 회원들을 관리하고, 각종 수련회와 행사 및 리더십 계발에 힘을 쏟았다. 그녀는 2006년 11월에 영성훈련동맹의 미국 중서부 디렉터가 되었고, 2007년 6월에는 첫 중서부 지역 영성 훈련 포럼을 개최했다. 현재 영성훈련동맹, 윌로우크리크 협회 등에서 컨설팅과 강연을 하고 있고, 많은 크리스천 지도자들이 사역과 리더십을 유지할 수 있도록 영적 활력을 회복시키는 데 주력하고 있다.

영혼의 돌봄 프로그램의 한계

이상에서 살펴본 독일의 영혼의 돌봄 프로그램과 우리나라의 목회상담, 미국의 소울 케어 등은 몇 가지 한계가 있다. 먼저 독일의 영혼의 돌봄 프로그램은 각 영역별로 다양하게 이루어지고 있고 또한 온라인과 오프라인에서 동시에 이루어져 그 영향력이 크지만 엄격하게 말해 일반 상담활동과 큰 차이가 없다고 할 수 있다. 실제로 우리나라에 소개된 대부분의 영혼의 돌봄 논문들은 상담의 기법을 소개하는데 치중하고 있으며, 당연히 내담자보다는 상담자의 태도나 상담 방법에 초점을 맞추고 있다(고유식, 2019; 신명숙, 2003). 우리나라의 목회상담역시 신도들의 영성을 대상으로 한다고 하지만 실제적으로는 일반적인 심리 상담과 큰 차이가 없으며 역시 내담자보다는 상담자 중심으로 프로그램이 운용되고 있다.

영혼의 돌봄이 문자 그대로 영혼을 돌보는 것이 되려면 영혼을 돌보는 주체는 누구여야 할까? 독일의 영혼의 돌봄 프로그램이나 우리나라 목회상담처럼 상담자가 아니라 마땅히 내담자 스스로가 자신의 영혼을 돌보아야 할 것이다. 그리고 영혼을 돌보는 주체가 자기 자신이 되려면 주체 스스로 영혼이 무엇이고 영혼을 구체적으로 어떻게 돌볼 수 있는지 알아야 할 것이다. 이런 관점에서 여기서는 영혼이 무엇이며 또 어떻게 돌볼 수 있는지 살펴보려고 한다.

3. 영혼의 지도

두 가지 영혼

영혼을 돌보기 위해서는 영혼이 무엇인지, 어디에 위치해 있는지를 알아야 한다. 우리가 일상적으로 쓰는 영혼은 크게 두 가지 의미로 사용된다. 하나는 육체에 속한 영혼이고 또 다른 하나는 육체에서 자유로운 영혼이다. 육체에 속한 영혼은 인간의 감정이나 지성 등과 같은 의식작용을 지배한다. 육체에 속한 영혼은 육체로부터 자유로운 영혼과 달리 사람이 죽으면 활동을 멈춘다. 반면 육체로부터 자유로운 영혼은 인간이 생명을 유지할 수 있는 힘의 원천이며 개인의 인격적 자아를 보장한다. 또한 사람이 죽으면 육체를 떠나 지하세계로 들어가거나 하늘로 올라간다. 그러므로 죽은 자의 영혼은 산 사람의 영혼만큼 무수히 많으며 가끔 현세에 나타나 영향을 미치기도 한다.

육체에 속한 영혼

육체에 속한 영혼은 현대인들이 일상적으로 생각하는 영혼이다. 또한 현대 뇌과학자들이 가정하는 것과 같이 인간의 영혼은 뇌 속에 있다는 주장이다. 즉 뇌의 물리적, 화학적, 전기적 변동이 곧 영혼의 작용이라고 본다. 이 주장의 연장선상에 있는 것이 에너지 장으로서의 영혼이다. 이들의 주장은 몸과 몸을 둘러싼 에너지 장 속에 영혼이 들어 있다고 한다. 이 입장은 영혼-물질주의라고 이름 붙이기로 한다.

육체에서 자유로운 영혼은 모든 종교적 전통에서 주장하는 영혼이다. 영혼은 우리가 궁극적으로 실현해야 할 목표이기도 하고 또 우리의 진정한 본성이라고 보는 것이다. 융이 의식화를 통해 자기를 실현해야 한다고 할 때 그 자기가 영혼이며, 불교 유식학에서 말하는 아뢰야식 또는 청정식이 영혼이라는 주장도 이 범주에 포함된다. 이 입장은 영혼-참나주의라고 부르기로 하자.

먼저 영혼을 뇌의 물리적, 전기적, 화학적 작용이라고 보는 영혼-물질주의자들의 입장을 살펴보자. 물질주의자의 대표적인 인물인 캐롤라인 미스는 우리 몸은 팔을 쭉 뻗은 상태에서 그릴 수 있는 원의 반지름만큼 뻗어 나간 에너지 장에 둘러싸여 있다고 한다. 다른 사람들의 몸에서 오가는 메시지를 주고받는 일종의 의식 전류인 이 시스템을 통해 우리는 주변에 있는 삼라만상과 끊임없이 대화를 하고 있다 (캐롤라인 미스, 2003: 53). 물질주의자들은 우리 몸의 세포마다 다 마음이 들어 있다고 본다. 신경생리학자인 캔더스 퍼트 박사가 증명한 대로 감정으로 인해 발생한 화학 물질인 뉴로펩타이드는 물질로 전환된 생각이다. 우리의 감정은 몸 안에 물질적으로 존재하면서 세포나 조직과 상호작용을 일으킨다. 감정의 화학물질을 만들고 받아들이는 세포는 뇌에 있든 몸 전체에 있든 똑같은 종류이므로 사실 마음과 몸은 더 이상 분리할 수 없다.

트랜스휴머니즘의 영혼

영혼-물질주의자들의 영혼은 물론 육체에 속해 있다. 그리고 영혼은 물리적 속성이 아니라 기능이며 영혼의 기능은 다양한 물리적 기반을 통해 실현할 수 있다고 본다. 또한 영혼과 함께 정신적, 문화적이라고 불리는 모든 현상들 역시 뇌의 활동으로 환원하여 해명할 수 있다고 주장한다. 물론 영혼뿐만 아니라 의식의 작용으로 알려졌던 많은 현상들, 예컨대 지능, 감정 등은 모두 뇌의 활동으로 해명할 수 있다고 본다.

이처럼 정신이 곧 뇌의 활동이라는 심뇌동일론은 최근 인공지능을 이용하여 인간의 지적, 신체적 능력을 극대화하려는 트랜스휴머니즘과 맞물려 급속도로 확산되고 있다. 특히 인간의 마음을 컴퓨터에 업로드할 수 있다는 주장은 트랜스휴머니즘에서 인간의 영혼을 어떤 관점에서 보고 있는지 분명하게 드러내고 있다. 유발 하라리에 의하면 2005년에 시작된 '블루 브레인 프로젝트'는 인간의 뇌 전부를 컴퓨터 안에서 재창조하는 것을 목표로 삼고 있다. 컴퓨터 내의 전자회로가 뇌의 신경망을 고스란히 모방하게끔 하는 것이다. 이 프로젝트 책임자에 따르면 자금 모금이 적절하게 이루어질 경우 10~20년 내에 우리는 인간과 흡사하게 말하고 행동하는 인공두뇌를 컴퓨터 내부에 가질 수 있을 것이다(유발 하라리. 2015: 578).

영혼의 업로드

트랜스휴머니스트들에 의하면 인간의 영혼은 다음과 같은 3단계를 통해 컴퓨터에 업로드될 수 있다고 한다. 먼저 특정 인간의 두뇌 작용을 뇌파측정기 등으로 정밀하게 스캔하여 빅데이터를 구축한다. 다음에 인간 두뇌에서 인지작용을 수행했던 신경망을 뇌영상 처리장치를 사용하여 3차원 모델로 재구성한 후 이 모델을 신경망 계산모델로 번역하여 코드화한 후 프로그램으로 작성한다. 마지막으로 슈퍼 컴퓨터를 사용하여 이 프로그램을 컴퓨터상에서 모의 실행한다. 이 과정이 성공한다면 기억, 상상, 사고습관 등을 포함한 모든 두뇌활동 이 이제 컴퓨터의 소프트웨어로 작동하며 존재하게 되는 것이다(이종 관, 2017: 41).

영혼-물질주의는 생물학적으로는 진화론에 의존하고 있다. 즉 신 의 개입 가능성을 고려하지 않는다면 지금까지 알려진 마음의 복잡 한 기능적 구조는 오직 자연선택에 의한 진화를 통해서만 가능하다 는 것이다. 제리 포더는 『마음의 모듈성』이라는 책을 통해 우리의 마 음이 지각, 또는 입력 시스템이라고 부르는 것과 인식, 또는 중앙 시스 템이라고 부르는 두 부분으로 이루어져 있다고 주장한다. 이 두 가지 시스템은 스위스 아미 나이프와 같이 인류가 직면한 각각 특수한 문 제를 처리하기 위해 고안되었다고 본다. 즉 각각의 기능들은 태어나면 서부터 마음속에 영구회로로 새겨져 있고 또한 모든 사람의 마음에 보편적으로 존재한다는 것이다(스티브 미슨, 2001: 61).

히든 브레인

이처럼 영혼-물질주의는 인간의 영혼을 모든 사람들의 두뇌에 보 편적으로 존재하는 무의식이나 본능과 같은 것으로 본다. 샹커 베단 텀은 이를 '히든 브레인'이라고 부른다. 그는 숨겨진 뇌에 대해 다음과 같이 말하고 있다(샹커 베단텀, 2010: 95).

숨겨진 뇌는 우리의 친구일 수 있다. 숨겨진 뇌는 세상을 어떻게 헤쳐

나갈 것인지 알려 준다. 그리고 우리가 사회적 생물로 살아갈 수 있게 하며, 삶을 의미 있게 만드는 관계의 망 속에서 우리를 살아가게 한다. 숨겨진 뇌가 없었다면 우리는 인간으로 존재할 수 없었을 것이다. 말하자면 우리는 삶을 가치 있게 만드는 일들로부터 단절된 슬픈 생물이 되고 말았을 것이다. 인간은 다른 사람들과 평등한 조건에서 일하고, 지속적인 우정관계를 형성하고, 사랑에 빠지는 능력을 상실하고 말았을 것이다. 우리에게 숨겨진 뇌는 물고기에게 축축한 물과 같다. 물고기는 물의 축축함을 결코 인식하지 못하지만 그것 없이는 살 수 없다.

숨겨진 뇌의 가장 중요한 기능은 휴리스틱이다. 심리학 용어사전에서는 휴리스틱을 다음과 같이 정의한다.[38]

사람들은 자신이 부딪히는 모든 상황에서 체계적이고 합리적인 판단을 하려고 노력하지는 않는다. 모든 정보를 종합적으로 판단하려고 한다면 인지적으로 상당한 부담을 느끼게 될 것이다. 휴리스틱(heuristics)이란 이렇게 시간이나 정보가 불충분하여 합리적인 판단을 할 수 없거나 굳이 체계적이고 합리적인 판단을 할 필요가 없는 상황에서 사람들이 신속하게 사용하는 어림짐작이다.

휴리스틱과 뇌

샹커 베단텀은 휴리스틱의 기능을 다음과 같이 말한다(샹커 베단텀,

---

38 [네이버 지식백과] 휴리스틱[heuristics](심리학용어사전, 2014. 4).

2010: 105).

세상에서 벌어지는 모든 일들을 합리적 의식으로만 해결해야 한다면, 가장 단순한 문제로도 우리의 삶은 무력화될 것이다. 왜냐하면 모든 시나리오를 우리의 의식적인 뇌가 일일이 생각하려면 실로 엄청난 시간이 필요하기 때문이다. 만약 수천 가지의 시나리오를 추려 내어 가장 적절한 시나리오에 주목하게 하는 숨겨진 뇌가 없다면 우리는 당장 어쩔 줄 모르고 당황할 것이다.

베단텀의 말과 같이 우리의 뇌는 알파고와 다르다. 알파고는 모든 시나리오를 다 검토한 뒤 가장 적합한 수를 선택하지만 우리의 뇌는 무의식의 숨겨진 기능, 즉 휴리스틱에 의해 직관적으로 적합한 수를 선택한다.

무의식의 휴리스틱 기능을 조건반사와 같은 부정적인 것으로 볼 수도 있다. 유심히 살펴본다면 우리가 경험하는 일상의 대부분은 무의식적으로 반복되는 패턴, 자신의 행동을 알아차리지 못하는 사이에 일어나는 패턴의 반복으로 구성되어 있다는 사실을 발견할 수 있을 것이다. 자신의 생각과 행동을 알아차리지 못하면서도 많은 일들이 일종의 '자동 반응 기계'의 작동처럼 일어나고 있는 것이다.

영혼-물질주의자들은 우리가 윤리나 도덕이라고 부르는 것의 대부분은 종교적 경전이나 법률에 의해 우리에게 전해진 것이 아니라 진화하는 과정에서 나타난 아주 오래된 규칙들이라고 주장한다. 즉 숨겨진 뇌의 알고리즘에 의해 우리에게 전해진 것이라고 본다. 따라서 뇌 기능이 정상적인 사람들은 구태여 종교나 도덕 교육을 받을 필요가 없다. 숨겨진 뇌가 사회적 관계 속에서 저절로 발현될 것이기 때문이다.

영혼 참나주의

다음으로 영혼-참나주의에서 말하는 영혼의 지도를 검색해 보자.

『멋진 신세계』로 유명한 올더스 헉슬리는 『영원의 철학』이라는 책을 통해 동서양의 탈현대적 세계관을 두루 망라하여 이를 '영원의 철학'이라고 하였다. 그가 정의하는 영원의 철학은 다음과 같다. "영원의 철학은 라이프니츠가 최초로 사용한 용어로, 사물·생명·마음의 세계에 본질적인 '신성한 실재(Divine Reality)'가 있음을 인정하는 형이상학이자, 인간의 영혼에서 '신성한 실재와 유사하거나 동일한 무언가'를 발견하는 심리학이며, '모든 존재의 내재적이면서 초월적인 바탕(Ground)에 대한 앎'을 인간의 최종 목표로 두는 윤리학으로, 아득한 옛날부터 전해져 온 보편적인 개념"이 바로 영원의 철학이다(올더스 헉슬리, 2014: 14).

헉슬리는 시간 속에 살아가는 분리된 자아로부터 해방되어 신성한 근본 바탕과 결합하는 앎을 갖게 됨으로써만 영원으로 진입할 수 있다고 주장한다. 나아가 그는 이 사건이 그 본성상 시공의 맥락을 넘어선 동일성을 갖는다고 역설했다. 즉, 무엇이라 이름 붙여지든 간에 내재적이고 초월적인 근본 바탕과의 합일이라는 동일한 경험이 모든 종교 전통의 배후에 존재한다는 것이다. 이런 관점을 취할 때 영원의 철학은 모든 고등종교의 핵심이자 영적인 본질이 될 수밖에 없다(올더스 헉슬리, 2014: 397).

헉슬리에게 인간 자아의 문제는 핵심이 될 수밖에 없다. 그가 거듭

밝히고 있듯이 영원의 철학을 구현하려는 종교 전통은 '분리된 자아가 자아에게 존재를 부여한 신성한 근본 바탕에 순응하고 마침내는 그 속에서 소멸되는 것'을 최종 목표로 제시하기 때문이다. 그러니 개별적 자아라는 허상에 기초해 분리감을 강화시켜, 신성한 근본 바탕이 존재한다는 사실을 알고 싶어 하지 않거나, 아예 부정하는 태도는 영원의 철학에서 가장 큰 장애물로 부각된다. 이처럼 영원의 철학에서 말하는 신성한 실재가 곧 영혼이다.

융 심리학과 영혼

영혼-참나주의의 또 하나의 대표적인 인물은 융(Carl Gustav Jung)이다. 융 심리학에서 영혼은 표층심리가 아니라 심층심리에 속한다. 영혼은 영어로 soul이고 독일어로는 Seele다. 영혼과 비슷한 의미의 영은 영어로 spirit이고 독일어로는 Geist다. 재미있는 것은 융의 심리학에서 아니마는 라틴어로 영혼soul을 그리고 아니무스는 영spirit을 의미한다는 것이다. 융은 우리의 심층심리를 집단무의식 혹은 자기라고 불렀다. 여기서는 융 심리학에 의거하여 일단 인간의 심층심리를 영혼이라고 하고, 그것이 인간의 심리에서 어떤 위치를 차지하는지 살펴보기로 한다.

인간의 표층심리를 대표하는 것은 자아이고 심층심리를 대표하는 것은 자기다. 사람이 태어날 때 자아는 잠재적 형태로만 있을 뿐이지 모든 것은 자기다. 즉 갓 태어난 아기는 자아도 없고 의식도 존재하지 않는다. 모든 것은 무의식 상태다. 그런데 성장하면서 자아가 발달하고 자아는 자기에서 분리된다.

특정의 발달 시점이 지나면 인간의 자아와 의식은 주로 그가 자라고 교육받는 문화적 세계에 의해 한정되고 형성된다. 이것은 중심적 자아를 에워싼 자아 구조의 층 또는 표층이다. 이 자아의 외피는 한 아이가 어떤 문화에서 자라며 가족과의 상호작용이나 학교에서 체험하는 교육을 통해 그 나름의 태도와 습관을 키워 갈 때 점점 더 두꺼워진다. 융은 이러한 자아의 두 가지 특성을 성격 1호와 성격 2호라고 부른다. 성격 2호는 선천적 핵심 자아, 성격 1호는 장기간에 걸쳐 성장해 문화적으로 습득된 자아 층을 의미한다. 여기서 의식이란 깨어 있어서 관찰하고 세계 주변이나 의식 내부에서 무엇이 일어나는지를 인지하는 상태를 말한다. 의식은 자아에 선행하지만 이 자아가 결국 의식의 중심이 된다(머리 스타인, 2015: 36).

융은 다음과 같이 말한다(머리 스타인, 2015: 44).

정신적이든 육체적이든 자아의 토대 자체는 비교적 미지의 상태에 있거나 무의식적이지만 자아가 의식의 한 요소라는 것은 두말할 나위 없다. 자아는 경험적으로 말해서 각 개인의 생애 동안 습득되는 것이다. 자아는 처음에 신체적 요인과 환경이 충돌할 때 생기는데 일단 주체로 자리 잡으면 외부 세계 및 내부 세계와의 계속된 충돌로 발달한다.

자아와 자기

융에 따르면 이처럼 자아가 성장하도록 하는 것은 충돌이다. 다시 말해 이 충돌은 갈등, 곤경, 고뇌, 슬픔, 고통 등을 의미한다.

표층심리인 자아와 심층심리인 자기의 관계는 지구와 태양의 관계와 같다. 지구가 태양계의 작은 일부이듯 자아는 커다란 심리 세계인 자기의 작은 부분에 지나지 않는다. 지구가 태양 주위를 돌듯 자아는 더 큰 정신적 실체인 자기 주위를 돈다고 보아야 한다. 그렇기 때문에 많은 사람들이 생각하듯 자신이 외부 세계를 통제할 수는 없지만 내부의 정신은 자신이 통제할 수 있다고 생각하는 것은 크나큰 오류이다. 외부 세계는 물론 내부 정신의 과정들도 자아에 의해 통제되지 않는다는 것을 의식하는 사람은 극소수뿐이다.

그림자와 아니마, 아니무스

표층심리인 자아의 바로 아래에는 개인무의식의 형태인 그림자가 있다. 그림자는 자아가 남에게 드러내고 싶은 모습과 정반대의 모습으로 남아 있다. 자아가 모르는 상황 속에서도 그림자는 암흑 속에서 비밀 정보조직처럼 활동한다. 융은 페르소나와 그림자의 관계를 나르치스와 골드문트, 지킬 박사와 하이드, 카인과 아벨, 이브와 릴리트(유대 신화에 등장하는 이브 이전에 창조된 아담의 반역적인 첫 아내), 아프로디테와 헤라로 나타냈다. 그림자를 통합하는 것은 가장 까다로운 도덕적이고 심리학적인 문제다. 만일 그림자를 완전히 외면한다면 삶은 적당할지 모르나 아주 불완전할 것이다. 하지만 그림자를 경험할 여지를 둘 때는 부도덕의 오점을 남기겠지만 더 큰 전일성을 획득한다. 페르소나와 그림자의 갈등을 해소하는 것이 자아와 자기가 연합하는 최초의 단계다.

그림자보다 더 심층에 있는 심리구조가 바로 아니마와 아니무스이다. 아니마와 아니무스는 그림자보다 더 깊은 무의식을 표상하는 주관적 인격들이다. 아니마와 아니무스부터 영혼의 지도가 시작된다. 아니마와 아니무스는 개인무의식과 집단무의식 사이에 존재하며 좋든 나쁘든 아니마와 아니무스는 영혼의 특성들을 드러내고 우리는 이들을 통해 집단무의식의 영역으로 진입한다.

원형과 본능

융 심리학에서 심층심리인 집단무의식 그 자체를 영혼이라고 보기는 어렵다. 집단무의식은 원형과 본능이라고 하는 두 가지 에너지가 결합된 것이기 때문이다. 원형과 본능은 우리 각자가 부여받은 자연의 선물이다. 따라서 모든 사람은 동일한 원형과 본능을 가지고 태어난다. 융에게 원형은 유전적 기질로 부여받는다는 것, 즉 타고난다는 점에서 본능과 같다. 융은 다음과 같이 말한다(머리 스타인, 2015: 132).

사람은 백지 상태로 태어나는 것이 아니라 단지 무의식적 상태로 태어난다. … 새들이 철따라 이동하고 집을 짓는 본능은 개별적으로 학습되거나 획득되는 것이 결코 아닌 것과 마찬가지로 사람은 자신의 기본 본성, 그리고 개인적 본성뿐만 아니라 집단적 본성이 어떻게 전개될지 알려 주는 기본 계획을 갖고 태어난다.

본능은 육체에 기반하고 있으며 충동, 사고, 기억, 환상, 감정 형태로 나타난다. 이러한 육체적 생명에너지와 유사하게 우리의 자아에 영향을 미치는 영적 형태의 에너지가 바로 원형이다. 원형은 생명에너지인 본능에서 점점 더 자유로워짐에 따라 본능성이 완전히 제거된 지점에 이르게 되면 나타나게 되는데, 융은 이를 '우등부'라고 불렀다.

본능과 원형은 유사한 방식으로 자아에 극적인 영향을 미친다. 그런 맥락에서 융의 원형은 유학에서 말하는 본성과 매우 유사하다. 맹자는 우물에 빠지려는 아이를 보면 누구나 달려가서 아이를 끌어안는다고 하고 이를 인간이면 누구나 가지고 있는 본성인 인(仁)이라고 하였다. 이때 본성은 합리적 판단이 일어나기 전에 나타난다. 맹자는 아이를 끌어안은 사람들에게 혹시 아이 부모와 친하게 지내기 위해서 아이를 구했는지 혹은 그냥 버려두고 가면 사람들에게 욕을 먹을까 봐 구했는지 묻지만 누구나 그런 생각 이전에 아이를 구했다고 말한다. 그렇기 때문에 맹자의 본성은 이기적 본능과 같은 강렬한 힘을 갖는다.

본능과 원형, 자기의 관계

열등부인 본능과 우등부인 원형은 강렬한 에너지를 갖기 때문에 둘 사이에는 영원한 갈등이 존재한다. 하지만 양극이 잘 조절되면 원형은 본능에 형태와 의미를 제공하고 본능은 있는 그대로의 물리적 에너지를 원형적 이미지에 제공한다. 융은 이 에너지를 받은 원형적 에너지가 실현하는 것은 인간의 모든 본성이 애써 노력하는 영적 목표며, 원형은 모든 강이 나아가는 바다다. 즉 이것은 영웅이 용과 싸워서 획득한 보상이라고 하였다(머리 스타인, 2015: 152).

그렇다면 원형과 자기는 어떤 관계일까? 융은 자기를 우리 안에 알려지지 않은 인식 주체, 즉 시간과 공간의 범주를 초월하고 여기와 저기, 지금과 그때 동시에 있는 정신의 한 측면이라고 하였다. 즉 자아가

의식의 중심이라면 자기는 의식과 무의식을 포함한 정신 전체의 중심
이라고 할 수 있다. 따라서 모든 원형적 정보의 형태는 단일한 원천인
자기에게서 온다.

4. 영혼의 돌봄

거대한 이성으로서의 몸

우리의 마음속에서 영혼의 지도를 확인했으니 이제 어떻게 그 영혼
을 돌볼 수 있는지 살펴보기로 하자. 영혼의 지도에서 영혼을 두 가지
방식으로 이해하는 입장을 살펴보았으니 영혼의 돌봄 또한 그 두 가
지 방식에 따라 다르다는 것을 짐작할 수 있다. 먼저 영혼-물질주의
입장에서는 어떻게 영혼을 돌볼 수 있는지 살펴보기로 한다.

니체는『차라투스트라는 이렇게 말했다』에서 '몸을 경멸하는 자들
에 대하여' 다음과 같이 말했다(이즈미야 간지, 2016: 71).

몸은 하나의 거대한 이성이며, 하나의 의미로 꿰어진 다양성이고 전
쟁이자 평화이며, 가축의 물리이자 양치기다. 형제여, 그대가 정신이라고
부르는 그대의 작은 이성도 그대 몸의 도구이며 그대의 커다란 이성의
작은 도구이자 장난감이다. 그대는 '자아'라고 말하면서 이 말에 자부심
을 느낀다. 그러나 보다 위대한 것은 믿고 싶지 않겠지만 그대의 몸이며

그대의 몸이라는 거대한 이성이다. 이 거대한 이성은 자아를 말하지 않고 자아를 행동한다.

몸이 하나의 거대한 이성이라고 하는 니체의 주장은 결국 현대의 테크노퓨처리즘으로 연결된다. 테크노퓨처리즘은 인간보다 더 발달된 지능을 가진 인공지능에 의해 인간의 능력이 극적으로 확대되는 미래를 그린다. 테크노퓨처리즘이 그려 내고 있는 미래는 수십억 인류의 글로벌 네크워크 사회가 마치 하나로 연결된 두뇌나 생물학적 유기체의 확장된 형태처럼 발전할 것이다.

탈신체화

인공지능의 발달에 대해 낙관적 입장을 가지고 인간의 능력을 극대화하려는 사람들을 트랜스휴머니스트라고 부른다. 이들은 2045년으로 예상되는 특이점 이후 인간은 인공지능과 결합하여 신의 경지에 이르게 될 것이라고 주장한다. 그런 관점에서 트랜스휴머니스트들은 '자연'이라는 개념 그 자체가 문제적으로 모호한 것이며 발전을 방해하는 장애물이라고 본다(이종관, 2017: 157). 또한 일부의 트랜스휴머니스트들은 인간의 생물학적 몸을 사이버 마음으로 대체할 수 있다고 보고 탈신체화를 옹호한다. 데카르트적 이원론의 연장선에 있는 이러한 관점은 특히 영혼과 육체 이분법과 함께 육체를 무가치한 것으로 보고 불멸성을 지닌 영혼을 중시하는 영지주의와 같은 입장이라고 할 수 있다(이종관, 2017: 159).

트랜스휴머니스트들은 우선 인간 실존의 근거이자 한계인 물리적

기반이야말로 진화의 장애물이라고 여기고 이 물리적 한계를 벗어나는 데 기술적 핵심이 있다고 본다. 여기에 결정적인 역할을 하는 것이 나노테크놀로지이다(이종관, 2017: 39). 닉 보스트롬은 "나노테크놀로지는 원자를 효과적으로 재배열함으로써 석탄을 다이아몬드로 모래를 슈퍼컴퓨터로 변형할 수 있으며 공기로부터 오염물질을, 건강조직에서 암을 제거할 수 있다"라고 주장한다. 인공생명 기술에 의거하여 트랜스휴머니스트들은 다음과 같은 미래를 그린다(이종관, 2017: 71).

> 호모사피엔스는 지구상 최초로 진화와 한계의 의식을 가진 종이며, 인간은 종국적으로 이들 제한을 넘어서 진화된 인간, 즉 트랜스휴먼과 포스트휴먼으로 발전할 것이다. 이 과정은 영장류에서 인간으로 진화한 과정과는 달리 애벌레에서 나비가 되듯 빠른 과정이 될 것이다. 미래의 지능을 가진 생명체는 인간을 전혀 닮지 않을 것이며, 탄소기반 유기체는 기타 과잉 유기체와 혼합될 것이다. 이러한 포스트휴먼은 탄소기반 시스템뿐 아니라 우주여행과 같은 상이한 환경에 더 유리한 실리콘 및 기타 플랫폼에 의존할 것이다.

호모데우스

유발 하라리는 이처럼 생명공학, 사이보그 공학(인조인간 만들기), 그리고 비유기체합성 기술을 토대로 신으로 업그레이드된 인간을 '호모데우스'라고 부른다. 그는 우리가 신기술로 인간의 마음을 재설계할 수 있을 때 호모 사피엔스는 사라질 것이며, 그렇게 인류의 역사가 끝나고 완전히 새로운 과정이 시작될 것이라고 말한다(유발 하라리, 2015:

73). 40억 년 가까운 세월 동안 지구상의 모든 생명체는 자연선택의 법칙에 따라 진화했지만 이제 그 자연선택이 지적 설계의 법칙으로 대체되고 있다는 것이다.

유발 하라리는 인류의 미래에 영향을 미치는 가장 커다란 요인이 '지적 설계'라고 주장한다. 그리고 영원한 생명을 주는 '길가메시 프로젝트'가 성공할 것으로 본다. 따라서 인류는 앞으로 몇 세기 지나지 않아 사라질 것이고, 생명공학적 신인류, 영원히 살 수 있는 사이보그로 대체될 것이라고 주장한다. 유전공학을 통해 인간의 유전자를 바꾸어 인류 최초로 선천적인 불평등을 창조할 수 있을 것이다. 컴퓨터를 인간에게 이식하는 사이보그 공학, 그리고 무생물적 존재인 컴퓨터를 인간의 두뇌와 같이 만드는 인공두뇌공학이 인류를 변화시킬 것이라고 보는 것이다.

포스트휴먼 선언문

그러나 이러한 트랜스휴머니즘이 간과하는 것이 있다. 바로 인간은 생물학적 존재라는 것이다. 생물학적 연속성이야말로 다윈의 결정적인 발견이었다. 생물학적 연속성의 원칙은 미생물과 코끼리, 심지어 유칼립투스와 바퀴벌레, 요한 세바스티안 바흐를 하나로 이어준다(다니엘 밀로, 2017: 41). 『포스트휴먼의 조건』에서 페페렐은 다음과 같은 내용이 포함된 「포스트휴먼 선언문」을 발표했다(로버트 페페렐, 2017: 280-290).

-인간은 더 이상 우주에서 가장 중요한 것이 아님은 이제 명확하다. 이것은 휴머니스트들이 여전히 받아들여야만 하는 것이다.

-의식은 뇌와 몸의 상호작용을 통해 일어나는 효과이다. 우리는 우리 몸 전체를 가지고 생각한다.

　-의식과 환경은 분리될 수 없다. 그들은 연속적이다.

　-과학은 실재의 궁극적 속성을 이해하고자 하는 그 목적을 결코 성취하지 못할 것이다.

　-질서와 무질서는 절대적인 속성이 아니라 상대적인 속성이다.

　-인간 사고는 인간 신체와의 공동작용 속에서 일어난다.

깨달음과 의식화

　다음에 참나로서의 영혼을 주장하는 입장에서 영혼의 돌봄은 어떤 의미를 가지는지 살펴보기로 하자.

　융 심리학에서 결국 영혼의 돌봄은 깨달음을 위한 노력과 다르지 않다. 그리고 그런 관점에서 가장 유력한 방안이 자각 혹은 의식화 작업이다. 자각은 내 마음속에 무엇이 일어나는지 끊임없이 알아차리는 것을 말한다. 불교의 『안반수의경(安般守意經)』에서는 이를 사념처라고 하여 자신의 몸[身]과 감각[覺]과 마음[心]과 법(法)에서 일어나는 여러 가지 변화를 관찰함으로써 제행무상(諸行無常), 제법무아(諸法無我), 일체개고(一切皆苦)의 세 가지 진리를 깨닫고자 한다. 이를 신념처(身念處), 수념처(受念處), 심념처(心念處), 법념처(法念處)라고 부르기도 한다.

　불교의 자각과 같은 것이 융의 의식화이다. 융은 성격의 발달을 개별화의 과정을 통한 자기실현의 과정으로 보았다. 개별화란 고유한 자기 자신이 되는 것으로 무의식적인 내용을 의식화하고 통합해 가는 과정으로 표현된다. 융은 이 과정이 평생에 걸쳐 이루어진다고 보았다. 혹자는 융의 의식화를 '무의식은 반드시 의식화되어야 하는 정신적 내용들'이라고 해석하기도 한다(최명희, 2016).

혜능, 마조, 황벽, 임제, 조주 등 역대 조사들의 가르침에 따르면 무아의식은 '나'를 명상하는 정신기능이다. 심리학적으로 말한다면 자아의 입장에서 무의식은 대극이지만, 전체성의 주체인 자기(Self), 즉 부처의 입장에서 보면 그것은 본래 하나다. 무의식은 반드시 의식화되어야 하는 정신적 내용들이다. 생각이 일어날 때 그것을 없애버리는 것이 아니라 생각이 왜 일어나는지를 관조해야 하는 것이다. 즉 생각을 통해서 자아를 알 수 있고, 자아를 통해서 무의식을 알 수 있으며, 무의식을 알아야 정신의 본질이 드러난다. 그것을 아는 것이 바로 진여다. 그리고 진여의 절대적 객관성으로 자아와 무의식을 명상해야 한다. 그것이 번뇌를 지혜로 만드는 일이며, 내면의 위대한 통찰력이자 현실 속에서의 진정한 자유다.

인도의 성자 라마나 마하리쉬(1879~1950)는 '나는 누구인가?'라는 질문을 통해 자신의 본성을 탐구하도록 했다. 이렇게 '나는 누구인가?'를 탐구하는 것은 모든 생각의 근원이 '나'라는 것에서 일어나게 됨을 알게 된다. 즉 어떤 생각이 일어나는 즉시 그 생각이 누구에게 일어난 것인지를 물으면 항상 그 자체로 현존하는 참자아가 드러난다는 것이다. 마하리쉬는 "깨달음이란 미래의 어느 때에 얻는 것이 아니라 '지금 여기'에 영원히 현존하고 있다"라고 했다.

영혼과 혼령

유학에서는 영혼이라는 말을 뒤집어 혼령이라고 말한다. 그러나 영혼과 혼령은 다르다. 혼령은 우리 몸이 죽으면 흩어져 하늘로 올라간다는 측면에서 차라리 영혼-물질주의자에 가깝다. 유학에서 참나와 같은 의미의 영혼은 본성이나 양지(良知)에 가깝다. 양명은 공부의 목적은 내 마음속에 있는 양지를 밝히는 것이라고 했다. 그래서 "배운다는 것은 이 마음을 배우는 것이요, 구한다는 것은 바로 이 마음을 구한다는 말이다"[39]라고 했다. 이는 맹자의 '구방심(求放心)', 즉 공부하는 길은 다른 것이 아니라 흩어지는 마음을 구하는 것[40]이라는 말과 같다. 우리의 마음은 시계추와 같이 끊임없이 양극단을 오간다. 흩어지는 마음이란 이처럼 양극단을 오가는 마음이다.

마음을 구한다는 것은 나는 누구인가를 끊임없이 되묻는 것이다. 그래서 나를 위한 공부란 지기(知己)와 같으며, 극기란 결국 그 나라고 믿었던 자아가 거짓임을 깨닫는 것이다. 우리가 '나'라고 생각하는 자아란 사회와 문화에 의해 만들어지는 것이다. 자아는 일종의 '사회제도'일 뿐이다. 만일 자신이 진정 누구인가를 알고자 한다면 먼저 자신의 자아를 부수는 근본적인 변화를 거쳐야만 한다. 왜냐하면 자아를 부수어 영혼을 발견하지 않는다면 결코 우주 삼라만상과 하나가 될 수 없기 때문이다.

우리는 자신이 누구인지를 알지 못하면서 자신이 누구라고 믿고 있

---

39 學者 學此心也, 求者 求此心也(『傳習錄』, 권 中 407-408).

40 人有鷄犬放 則知求之 有放心而不知求 學問之道 無他 求其放心而已矣(「告子章句」 상 11).

다. 영어의 죄(sin)라는 단어의 어원은 과녁에서 벗어났다는 뜻이다. 그 단어는 어떤 행위와 관련된 것이 아니라 과녁에서 빗나간 우리의 영혼과 관계가 있다. 그런 자아를 버리게 되면 자연, 즉 천지의 절문(節文)과 하나가 될 수 있다. 그것이 자아를 이루는[成己] 것이며 진정한 자아[眞我]를 찾는 것이다. 진정한 자아는 자연의 생명원리[生理]에 따라 저절로 작동한다. 진정한 자아를 찾기 위해 노력할 필요는 전혀 없다. 지금 여기 있는 '나'가 바로 진정한 자아이다. 이처럼 위기지학은 결국 자신이 누구인지를 아는 공부[知己之學]이다.

자각과 현존

일어나는 마음을 깨어서 지켜보는 것을 '자각'이라고 한다. 그러나 자각만으로는 충분하지 않다. 자각과 함께 그 마음을 온전히 경험하는 것이 중요하다. 일어나는 마음을 온전히 경험하는 것을 '현존'이라고 한다. 예를 들어 내 마음에서 불안이 느껴진다면 그 불안이라는 느낌을 거부하거나 동일시하지 않고, 그 불안을 온전히 경험하는 것이 현존이다. 마음이 항상 '지금 여기에' 있다는 것은 자각과 현존이 동시에 일어난다는 뜻이다.

우리가 경험할 수 있는 것은 오직 지금 여기서 벌어지고 있는 사건과 그 사건에 대한 우리의 느낌과 생각과 행동뿐이다. 지금 일어나는 나의 경험은 이 순간 우주가 나에게 주는 유일한 것이다. 만일 그 경험을 온전히 받아들이고 이해한다면 나의 영혼이 스스로 펼쳐져 발현될 수 있다. 우리가 겪는 경험과 그 경험을 통해 일어나는 마음을 깨어서 지켜보며, 동시에 그 일어나는 마음으로부터 도망치지 않고 그것을 온전히 경험하는 것, 그것이 바로 '나를 위한 공부[爲己之學]'의 비법이다.

사물(四勿)과 깨어 있음

안회가 인(仁)이 무엇인지 묻자 공자는 자기를 이겨 예로 돌아가면 인이 된다고 대답하였다. 안회가 이어서 어떻게 자기를 이겨 예로 돌아갈 수 있는지 묻자 공자는 예가 아니면 보지도, 듣지도, 말하지도, 마음이 동하지도 말라고 하였다. 이를 흔히 사물(四勿)이라고 한다. 그렇다면 사물은 구체적으로 어떻게 하라는 것일까?

만약 이 문답이 공자와 조금 모자라는 제자 번지 사이에서 일어난 것이라면 사물은 말 그대로 이해하면 될 것이다. 즉 예가 아닌 사건이나 상황을 목격하였을 경우 그것을 외면하고, 예가 아닌 말을 들었을 때에도 역시 외면하면 될 것이다. 그렇지만 공자가 자기보다 낫다고 말한 안회가 아닌가? 그런 안회에게 공자가 그런 의도로 말하지는 않았을 것이다. 그렇다면 예가 아니면 보지도 듣지도 말라는 것은 어떻게 하라는 것일까?

예란 앞에서도 언급했듯이 곧 자연을 말한다. 자연이라기보다는 자연으로 대표되는 참나를 말한다. 따라서 예가 아니라는 것은 참나에서 벗어난 에고의 움직임을 말한다. 그렇다면 예가 아니면 보지도 듣지도 말라는 것은 에고의 움직임을 외면하라는 뜻일까? 오히려 그 반대이다. 예가 아니면 보지도 듣지도 말라는 것은 '나'라는 에고의 작용을 깨어서 지켜보라는 뜻이다.

먼저 예가 아니면 보지도 말라는 것은 마음의 작용을 깨어서 지켜보라는 말이다. 우리의 마음은 지루해하고, 걱정하고, 불안해하고, 어떤 미래의 사건을 기대한다. 그런 마음의 작용에 빠져들지도 말고, 또 피하지도 말고 그냥 지켜보라. 마음의 흐름은 일정한 경향성을 가진다. 그것은 비가 내리면 땅에 골이 파이는 것과 같다. 처음에는 작은 골이 파였다가 계속해서 그 골로 물이 흘러내리면 깊은 골이 파이는 것과 같다. 예가 아니면 보지도 말라는 것은 마음의 조건화를 자각하라는 뜻이다.

예가 아니면 듣지도 말라는 말은 자신의 마음속에서 자신이 말하는 것을 들으라는 것이다. 자신이 스스로의 말을 들으면 자신이 '지금 바로' 자연, 즉 예와 어떻게 연결되어 있는지 알게 될 것이다. 자신 앞에 다른 사람이 있다고 해도 구애받을 것은 없다. 우리가 지금 게으른 직원을 나무라고 있다면 우리는 참나를 나무라고 있는 것이고, 만약 우리가 상대방에게 강한 인상을 심어 주려고 노력하고 있다면, 참나에게 강한 인상을 심어 주려고 노력하는 것이다. 지금 이 순간은 오직 하나의 관계만이 존재한다. 예가 아니면 듣지도 말라는 것은 지금 이 순간 그 관계가 어떻게 진행되고 있는지 듣는 것을 뜻한다.

예가 아니면 말하지도 말라는 것은 자신의 반응을 살펴보라는 것이다. 모든 관계는 쌍방향이니 무슨 말을 하건 자연은 대답해 줄 것이다. 말하지도 말라는 것은 그 대답을 지켜보라는 것이다.

예가 아니면 마음이 동하지도 말라는 것은 사소한 일에 얽매이지 말고 가능한 한 효율적으로 그것을 처리하되 결코 심각해질 필요는 없다는 것이다. 당신은 에고와 싸울 수 없다. 아무리 싸워 봤자 더 깊이 빠져들 뿐이기 때문이다. 자신의 반응을 살펴보고 스스로에게 질문하라. '나는 왜 이 일을 하는가?', '나는 왜 반사적으로 반응하는가?', '나는

왜 과거에 했던 것과 비슷한 일을 습관적으로 반복하는가?'

앎이라는 스크린

사물 프로그램을 꾸준히 수행하다 보면 우리는 마침내 다음과 같은 경험을 하게 될 것이다(디팩 초프라, 2008: 286-287). 첫째 과거와 미래는 단지 우리의 상상 속에서만 존재한다. 우리가 이전에 행한 모든 것은 실체가 아니다. 우리가 앞으로 행할 모든 것도 실체가 아니다. 오직 지금 우리가 하고 있는 것만이 실체이다. 둘째, 우리가 나 자신이라고 불렀던 육체는 더 이상 나 자신이 아니다. 우리가 우리 자신이라고 불렀던 마음도 더 이상 우리 자신이 아니다. 우리는 애쓰지 않고도 그곳에서 빠져나올 수 있다. 그것들은 우주가 움직이기 위해 일시적으로 취하는 모양일 뿐이다. 셋째, 우리의 진짜 자아는 이 순간 앎이라는 스크린에 생각, 감정과 감각을 지나가게 함으로써 발현될 뿐이다. 우리는 변화와 무한성 사이의 타협점으로서 그것들을 인식한다.

마음의 구조와 본성

스티븐 미슨은『마음의 역사』에서 인간의 마음은 구석기 시대의 오랜 채집 생활을 통해 형성된 것이며, 이런 마음은 나면서부터 마음속에 영구회로로 새겨져 있어 모든 사람의 마음에 보편적으로 존재한다고 주장하였다. 그가 말하는 영구회로가 곧 영혼 혹은 본성이라고 할 수 있는데 그는 마음을 성당 건물에 비유하여 설명하였다. 즉 일반적 지능이라는 큰 회당이 가운데 있고 그 부속 건물로 기술지능, 언어지능, 사회적 지능, 자연사 지능이 분리된 형태로 존재한다는 것이다. 촘스키가 아이들의 마음속에 언어 학습을 전담하는 유전적으로 고정된 '언어습득 장치'가 있으며 그 속에 문법을 위한 청사진도 이미 갖추어져 있다고 주장하는 것과 마찬가지로, 인간에게는 수렵 채취와 도구 개발의 본능과 친족에 대한 인식, 나아가 사회적 행동을 예측하는 인간관계에 대한 본성이 있다는 것이 미슨의 주장이다. 여기서 친족에 대한 인식이란 곧 차서(次序)를 말하는데 이것 역시 성당 부속 건물의 하나인 셈이다.

미슨의 주장에서 한 발 더 나아가 로버트 그린은 『인간 성의 법칙』에서 인간 본성은 우리의 뇌 구조가 이미 특정한 방식으로 구조 지어져 있는 데서 비롯되며, 신경계의 구성이나 인간이 감정을 처리하는 방식도 거기에 영향을 미친다고 주장한다. 이것은 인간이라는 종(種)이 500만 년에 걸쳐 진화하는 동안 서서히 만들어지고 발달한 것인데, 시기심 넘치고, 자기애에 사로잡히고, 과대망상적인 내면의 충동과 동기를 포함한 모두 18가지를 로버트 그린은 인간 성의 법칙으로 제시하고 있다.

스티븐 미슨이나 로버트 그린이 주장하는 인간 본성은 본능과 다르지 않다는 점에서 장자의 본성과 같다. 그러나 두 가지 본성이 근본적으로 다른 것은 장자의 본성은 깨달은 이후의 자연적 본성이고 미슨과 그린의 본성은 현실 속에서의 본성이라는 점이다. 무슨 말인가 하면 깨달은 이후의 자연은 약육강식과 우승열패의 자연이 아니라 모든 존재가 평화롭게 공존하는 자연인 것이다. 예수가 천국을 묘사할 때 사자와 같은 육식동물과 사슴과 같은 초식동물이 평화롭게 공존하는 모습을 그렸듯이, 인간이 분리 독립된 '나'를 벗어나 전체와 하나가 되었을 때 그 전체는 모든 존재가 상즉상입(相卽相入)하는 화엄(華嚴)의 자연인 것이다. 이런 자연 속에서 나타나는 인간의 참된 본성은 무엇일까? 바로 사랑이다.

영혼은 신이다

영국 스코틀랜드 북쪽 끝 포레스에는 핀드혼 공동체가 있다. 1960년대 초 에일린 캐디 부부와 도로스 매클린 등 몇 명의 영성가가 사막이나 다름없는 핀드혼 마을에 나무와 꽃들로 가득 찬 공동체를 만들었다. 이들은 내면의 자아와 자연의 영적 교감을 통해 생명력이 넘치는 환경을 일구어 냈다. 핀드혼에는 200~300명의 가족들이 상주하는데, 지금은 상주자 외의 방문자들로 늘 붐빈다. 핀드혼 방문자들은 주로 오전에는 공동체 안의 여러 작업반으로 나뉘어 일하고, 오후에는 다양한 영성 훈련을 하고 저녁에는 강연도 듣는다(한겨레, 2017).

핀드혼에서는 모든 여정이 곧 영성 훈련이자 수행이며, 내면을 찾는 과정이다. 핀드혼의 대표적인 영성 프로그램은 일주일 과정인 '경험 프로그램'이다. 이 프로그램을 경험하는 사람만도 연간 4,000여 명이나 된다. 경험 프로그램에서는 무엇보다 '교감'이 중요하다. 첫 식사 때부터 교감이 시작된다. 공동체 식당에서 식사를 준비한 이들과 공동체 가족들, 방문자들이 빙 둘러서서 손을 맞잡도록 한다. 각자는 신에게 기도하기도 하고, 서로의 에너지를 느끼기도 한다. 이들이 맞잡은 손은 상대방뿐 아니라 자연과 감응하는 통로일 수도 있다(한겨레, 2017).

참가자들이 인상 깊게 느끼는 또 하나의 프로그램이 '그룹 발견 프로그램'이다. 서로 짝을 지어 상처받아 웅크리고 있는 상대방을 부드러운 마사지와 가벼운 접촉으로 풀어 준다. 이들은 손을 잡고 수피 수행자들이 불렀다는 '신은 누구인가(후 알라)'라는 노래를 부른다(한겨레, 2017).

당신의 빛은 만물의 형상 속에 있고
모든 존재 속엔 당신의 사랑이 깃들어 있다네
당신의 빛은 만물의 형상 속에 있고
모든 존재 속엔 당신의 사랑이 깃들어 있다네
신은 누구인가
신은 누구인가
신은 누구인가
누구인가

신이 곧 영혼이다. 신은 어디에 있는가? 신은 내 안에 있다. 이때 나는 피부를 경계로 한 '피부 밑 자아'가 아니라 모든 존재와 연결된 참나[Self]다. 그래서 예수도 천국은 너희 '안'이 아니라 너희들 '사이'에 있다고 하였다.

부록:
청소년 마음교육 프로그램 개발 사례

나는 늘 불안하다.

때때로 화가 나고, 때때로 막막하며, 때때로 아프다.

그러나 모든 부정적인 감정의 찌꺼기는 내 안에 고여 있는 것.

그 감정들을 고요히 들여다보자.

■ 괴롭고 혼란스럽다고 느낄 때

> 방금 지나간 세 시간을 즐겁게 보냈는가? 아니라면, 오히려 괴롭고 혼란스러웠다는 게 당신 답이라면, 당신은 정말 문제가 있는 사람이다. 뭔가 잘못되었다. 심각하게 잘못되었다. 당신은 잠들어 있다. 죽어 있는 것이다(129). 당신을 괴롭히는 그 무엇도 밖에서 오지 않는다. 당신에게 일어난 어떤 일, 당신이 만나는 사람에 대한 당신의 반응하는 방식이 당신을 괴롭히는 것이다(132).
>
> 앤소니 드 멜로, 2012,『행복하기란 얼마나 쉬운가』, 이현주 옮김, 샨티.

우리는 괴롭거나 혼란스러울 때, 나를 괴롭히는 것과 혼란스럽게 하는 무엇이 나의 밖에 있다고 생각한다. 그러나 이 책에서는 우리가 괴롭거나 혼란스러운 이유는 우리 자신의 반응이 원인이라는 것을 말해주고 있다.

청소년이 경험하게 되는 괴로움과 혼란스러운 구체적인 사례를 통해서, 스스로 이러한 사실을 발견하도록 도울 수 있다. 다음의 질문지를 작성하면서, 청소년이 경험하는 괴로움과 혼란스러움을 있는 그대로 직면할 수 있도록 지도하자.

① 방금 지나간 세 시간은 즐거웠나요? 괴롭고 혼란스러웠나요?

② 괴롭고 혼란스러웠던 이유는 무엇인가요?

⊙ _____

⊙ _____

③ 괴롭다고 생각한 일이나 사람에 대한 나의 반응은 어떤가요?

⊙ _____

⊙ _____

④ 나의 반응이 나의 괴롭고 혼란스러운 느낌에 어떤 영향을 미쳤나요?

■ 나는 어떤 사람으로 기억되고 싶은가

> 있을 때 뛰어난 공이 없어도 떠난 뒤에 생각이 난다면 그가 공을 자랑하지
> 않고 남몰래 선정을 베푼 자일 것이다(『牧民心書』, 「解官六條 遺愛」).
>
> 『牧民心書』.

『목민심서』는 지방의 관리가 지켜야 할 일을 자세하게 기록한 책이다. 이 책에서는 리더십에 대한 구체적이고 실천 가능한 지혜를 발견할 수 있다. 리더란 일반적으로는 공동체에서의 지도자를 지칭하는 것으로 타자와의 관계에서 발생하는 개념이다. 이 개념을 자신의 삶에 확대해서 적용하면, 인간은 누구나 자기 삶의 리더라고 할 수 있다. 자신의 공을 내세우는 것이 아니라, 사랑을 베푸는 리더십의 의미를 찾아보자.

① 내가 속한 공동체를 사랑한다고 느낀 순간은 언제인가요?

② 공동체를 사랑하기 때문에 내가 하는 일은 무엇인가요?

③ 내가 떠난 뒤, 공동체 구성원들은 나를 어떤 사람으로 기억하기를 바라나요?

> ⊙ 나는 내가 속한 공동체의 사람들이 나를 _____한 사람으로
>   기억해 주기를 바란다.

④ 그렇게 기억되고 싶은 이유는 무엇인가요?

> ⊙ _____
>
> ⊙ _____
>
> ⊙ _____

⑤ 그렇게 기억되기 위해서 내가 해야 할 일은 무엇일까요?

> ⊙ _____
>
> ⊙ _____
>
> ⊙ _____

■ '나'라는 환상에 사로잡힐 때

> 자유에는 두 종류가 있습니다. 벗어나는 자유와 드는 자유. 개인으로부터
> 벗어나는 자유, 개인의 관점에서 벗어나는 자유입니다. 이 첫 번째 자유를
> 찾아낸 뒤에 이제는 드는 자유와 마주치게 됩니다. 우리가 가지고 있던 그
> 숱한 욕망, 그것들이 이상하게 모두 충족되어 있습니다.
>
> 얀 케르쇼트, 2006, 『있는 그대로 받아들여라』, 김기협 옮김, 꿈꾸는아침.

① 우리는 마음에 떠오르는 것을 마음대로 할 수 있을까요? 만약 내 생각
을 내가 고를 수 있다면 행복한 생각, 즐거운 생각, 사랑의 생각만 고르든
지 아무 생각도 하지 않는 것도 가능할 것입니다. 그러나 나는 내 생각을
마음대로 고르는 것이 아닙니다. 과연 내 마음이 내 것일까요?

② 우리 생각을 마음대로 선택하지 못하는 것이라면 행동 또한 마음대로
선택하지 못할 것입니다. 그러므로 나는 행위자가 아닙니다. 내가 행위자가
아니라는 사실을 분명히 인식한다면 우리가 인생을 살아가는 것이 아니라
인생이 우리를 통해 펼쳐지는 것이라는 사실도 분명해집니다.

③ 삶에서 자유란 조건을 벗어나는 데 있는 것이 아니라 삶이라는 게임 자
체가 허구라는 사실을 꿰뚫어 보는 데 있는 것입니다. 이것을 분명히 인식
한다면 우리가 가진 모든 죄책감도 자부심도 사라질 것입니다.

■ 나와 타인을 보잘것없는 존재로 느낄 때

참본성에 대한 가장 자세한 가르침 중 하나인『보성론寶性論』은 참본성을 자각하지 못하도록 가로막는 우리의 다섯 가지 습관을 제시한다.

욘게이 밍규르 린포체, 2009,『티베트의 즐거운 지혜』, 류시화·김소향 옮김, 문학의 숲, 254~262쪽.

① 참본성을 가로막는 첫 번째 장애는 자기 자신을 하찮게 여기는 시각이다.
-목표를 이루지 못한 것에 대한, 혹은 흥분한 순간에 자신도 모르게 내뱉은 말이나 행동에 대한 자책감과 수치심과 분노가 그것이다.

② 두 번째 장애는 다른 사람에 대한 비판적인 태도이다.
- '자기보다 열등한 존재들에 대한 경멸감'이라고 흔히 번역된다. 자기 비난의 반대편 극단, 곧 타인에 대한 비판적인 견해이다. 이 관점은 다른 사람들을 자기 자신보다 덜 중요하고 덜 유능하며 덜 가치 있다고 옹색한 눈으로 해석한다. 좀 더 넓은 의미에서는 우리가 겪는 불행에 대해 남을 탓하는 성향이다.

③ 세 번째의 장애는 '진실이 아닌 것을 진실로 보는 것', '진정한 것이 아닌 것을 진정한 것으로 여기는 것', 더 막연하게는 '진짜가 아닌 것을 진짜로 보는 것'이다.
- 우리 자신과 다른 사람 혹은 상황 속에서 우리가 보는 속성들이 실체이며

고정불변하고 본래부터 존재하는 것이라는 믿음에 매달리는 것을 가리킨다. 이 성향을 우리는 '영원주의'라고 표현할 수 있을 것이다.

④ 네 번째 장애는 그 반대편 관점으로, '진짜인 것을 진짜가 아니라고 보는 것'이다.

- 참본성을 부정하는, 혹은 더 심하게는 전부 거부하는 것이다. 이런 관점은 종종 '허무주의'라 불린다. 나 자신과 다른 사람들 안에 자유와 지혜, 힘, 잠재 능력이 존재할 가능성을 인정하지 못하는 근본적인 절망감이다.

⑤ 다섯 번째 장애는 '나'와 '나의 것'이라는 관점에서 필사적으로 안정을 갈구하는 것이다.

- 전통적으로 '아상(我相)'이라고 번역됐다. '끝없이 변화하는 경험' 속에서도 '나'의 상황, '나'의 의견이 하나의 정지된 기준점 역할을 하는 것이다.

○ 참본성을 가로막는 다섯 가지 습관 중 자기에게 해당하는 것은 무엇입니까? 그것을 기록하고, 그 생각을 있는 그대로 지켜봅시다.

⊙ _____

⊙ _____

⊙ _____

⊙ _____

⊙ _____

■ 다른 사람의 허물을 비난하고 싶을 때

> 무릇 베푼 일이 있더라도 공공연하게 말하지 말고, 자랑하는 기색을 하지
> 않으며, 남에게 말하지 말고, 전임자의 허물도 말하지 말아야 한다.
> 청렴한 사람은 은혜를 베푸는 일이 적으니 사람들은 이것을 병통으로 여긴
> 다. 자신을 무겁게 책망하고 남을 가볍게 책망하는 것이 좋다(『牧民心書』,
> 「律己六條 淸心」).
>
> 『牧民心書』.

　『목민심서』에서는 자신을 잘 다스리는 일의 중요성을 말하고 있다.
자신의 공을 내세우거나 다른 사람의 허물을 비방하지 않아야 하며,
자신에게 있어서는 엄격하되 다른 사람에게는 너그러운 리더의 의미
를 살펴보자.

① 지난 일주일 동안 가족이나 친구와의 공동체를 위해서 내가 잘한 일과
잘못한 일은 무엇인가요?

⊙ 잘한 일: _____
⊙ 잘못한 일: _____

② 공동체를 위해서 내가 한 일을 나는 어떻게 생각하나요?

③ 나는 나와 다른 사람의 잘못(실수)에 대해 어떻게 대처하나요?

⊙ 나는 나의 잘못(실수)을 _____ 한다.

⊙ 나는 다른 사람의 잘못(실수)을 _____ 한다.

④ 이 활동을 통해서 느낀 점은 무엇인가요?

⊙ 가장 기억에 남는 점: _____

⊙ 나의 생활에 적용할 수 있는 점: _____

■ 두려운 감각이 느껴질 때

> 긴장이 쌓이기 쉬운 목, 가슴, 배의 느낌에 특히 주의를 기울이면서 두려움이 당신 안에서 어떻게 표현되는지 느껴 본다. 두려움의 느낌에 모든 주의를 집중한다. 몸에서 두려움이 어떻게 느껴지는지 구체적으로 살펴본다. 몸의 어느 부분에서 두려움이 가장 강하게 느껴지는가? 그 느낌이 변하는가? 색깔로 표현한다면 어떤 색깔처럼 느껴지는가? 당신의 마음은 이 두려움을 어떻게 느끼는가? 위축되는가?
>
> 타라 브랙, 2012,『받아들임』, 김선주·김정호 옮김, 불광출판사.

 몸에 두려운 감각이 느껴지면 그 감각에 주의를 집중한 뒤 다음과 같이 질문합니다.

① 여러분이 느낀 두려운 감각의 중심이나 경계선이 있습니까?

② 이러한 두려운 감각을 갖고 있는 불변의 자기가 있습니까?

③ 만약 불변의 자기가 있다면 어느 위치에 있습니까?

④ 몸의 두려운 감각을 무엇이 혹은 누가 그것을 인식합니까?

■ 몸과 마음이 긴장될 때

> 그대의 몸에 휴식의 시간을 주는 것은 너무나 중요한 일입니다. 몸이 편안
> 하고 느긋해지면 마음은 평화로워집니다. 천천히 훈련하세요.
>
> 틱낫한, 2003, 『틱낫한의 비움』, 전세영 옮김, 중앙M&B.

학업에 대한 부담으로 인해 청소년들의 몸과 마음은 늘 긴장 상태
에 있다. 긴장된 몸과 마음을 이완시켜 주는 연습은 좋은 청소년 마
음교육이 될 수 있다. 틱낫한 스님은 몸과 마음의 이완법에 대해 쉽게
따라 할 수 있는 좋은 지침을 제공하고 있다. 몸과 마음에 깊은 휴식
을 주는 이완 연습은 다음과 같은 순서에 따라 교사가 지시하고 학생
들이 수행한다.

(1) 바닥에 편안하게 눕는다.
(2) 숨을 쉬면서 몸 전체가 가라앉는 기분을 느껴 본다.
(3) 숨을 들이쉬면서 아랫배가 부풀어 오르는 것을 느껴 본다. 숨을 내쉬면
　서 배가 꺼지는 것을 느껴 본다.
(4) 두 발: 숨을 들이쉬면서 두 발을 느껴 본다. 숨을 내쉬면서 두 발을 이
　완한다. 숨을 들이쉬면서 두 발에 사랑을 보낸다. 숨을 내쉬면서 두 발
　에 미소를 보낸다. 숨을 들이쉬면서 두 발의 경이로움을 느껴 본다. 숨
　을 내쉬면서 두 발에 감사를 보낸다.
(5) 두 다리: 두 다리에 대해서도 두 발에게 한 것과 똑같이 해 준다.
(6) 두 손: 두 손에 대해서도 두 발에게 한 것과 똑같이 해 준다.
(7) 두 팔: 두 팔에 대해서도 두 발에게 한 것과 똑같이 해 준다.

⑻ **두 어깨**: 두 어깨에 대해서도 두 발에게 한 것과 똑같이 해 준다.

⑼ **심장**: 심장에 대해서도 두 발에게 한 것과 똑같이 해 준다.

⑽ **위**: 위에 대해서도 두 발에게 한 것과 똑같이 해 준다.

⑾ **장**: 장에 대해서도 두 발에게 한 것과 똑같이 해 준다.

⑿ **두 눈**: 두 눈에 대해서도 두 발에게 한 것과 똑같이 해 준다.

⒀ 몸의 다른 부분에 대해서도 위와 똑같이 해 준다.

⒁ **이완 연습을 끝낼 때**: 아랫배가 부드럽게 부풀어 오르고 꺼지는 것에 정신을 집중한다. 그러고 천천히 일어나 앉는다.

■ 부모님이 생각날 때

> 자유가 효를 묻자, 공자께서 말씀하셨다. "지금의 효라는 것은 (물질적으로) 잘 봉양하는 것을 이른다. 그러나 개나 말에게도 모두 길러 줌이 있으니, 공경하지 않으면 무엇으로 구별하겠는가?"(『論語』,「爲政篇」)
>
> 『論語』.

부모님에게 효를 행하고자 노력하는 것은 좋은 마음공부가 될 수 있다. 효를 행하는 노력 중에서 본질적인 것 중 하나는 부모님을 존경하는 것이다. 선생님은 다음과 같이 청소년들에게 부모님을 존경하는 마음교육을 실시할 수 있다.

(1) 부모님을 존경해야 하는 이유를 교육함
  - **탈현대 세계관과 부모님에 대한 존경:**
   ① 탈현대 세계관을 바탕으로 보면, 이 세상 모든 존재는 온 우주를 자신 안에 품고 있는 위대한 존재임
   ② 그러므로 이 세상 모든 존재에 대해서 존경심을 갖고 대해야 함
   ③ 그러니까 부모님을 대할 때는 깊은 존경심을 갖고 대해야 함
  - **부모님의 은공과 부모님에 대한 존경:**
   ① 내 부모님이 현대적인 의미에서 보잘것없는 분일수록 더 깊이 부모님을 존경해야 함
   ② 부모님은 어려운 환경에서도 나를 낳아 주시고, 내가 행복한 사람으로 자랄 수 있도록 모든 노력을 기울인 분이기 때문임
(2) 학생들이 부모님을 존경하는 연습을 하도록 하고, 그 과정과 결과를 제출하도록 함

■ 부정적인 생각을 너무 많이 한다고 느낄 때

"늘 긍정적으로 생각해야 한다"는 말이 거짓이라면 무엇이 진실일까?
- 진실
• 부정적인 생각들은 통제할 수 없다. 아무리 몰아내려고 해도 사라지지 않는다. 기껏해야 잠시 억압할 수 있을 뿐이다.
• 고통, 분노, 슬픔, 좌절, 두려움 같은 감정을 느껴도 괜찮다. 인간이면 누구나 느끼는 자연스러운 감정들이다.

아니타 무르자니, 2017, 『나로 살아가는 기쁨』, 추미란 옮김, 샨티, 283~286쪽.

(1) 연습과 요령

① 부정적인 생각을 한다고 부정적인 사람이 아니다. 부정적인 생각이 나쁜 일을 끌어들이는 것도 아니다. 부정적인 생각을 한다는 것은 당신이 인간임을 보여 줄 뿐이다.

② 두려움을 느끼거나 부정적인 생각이 들 때 그 느낌과 싸우지 말고, 그런 생각을 한다고 자신을 심판하지도 말자. 그보다는 그런 감정과 생각을 인정하고 온전히 느껴 보자. 그래야 그 감정들을 해소하고 앞으로 나갈 수 있다.

③ 주변 사람들이 현재 느끼는 감정을, 그것이 무엇이든, 느끼도록 허용해 주라. 현재 그들이 겪고 있는 일에, 이렇다 저렇다 판단하지 말고 연민을 보내자.

(2) 스스로에게 묻기

① 나는 진정 내 가슴에서 나온 진실을 말하고 있는가? 사람들과 어울리고 싶은 마음에 그들을 기쁘게 하는 일만 생각하고 살아가고 있지는 않은가?

② 나는 무엇이 두려워 내 생각과 행동을 심판할까? 그 심판을 그만두면 어떤

기분이 들까?

③ 고통 속에 있는 사람을 있는 그대로 존중하면서도 이 세상의 이원성에 함몰되거나 두려움에 빠지지 않을 수는 없을까?

(3) 잘하고 있음을 확인하는 방법

① 부정적인 생각이 고개를 들 때마다 외면하지 않고 인정하며 온전히 느낄 때.
② 이렇게 저렇게 생각하고 느껴야 한다는 다른 사람들의 말에 휘둘리지 않을 때.
③ 내 모든 감정을 심판 없이 나의 일부로 받아들이고 사랑할 때.
④ 기쁘고 열정적으로 할 수 있는 일들로 진정한 나 자신을 드러낼 수 있을 때.

■ 불안할 때

> 헬렌 오데스키는 임상심리학자로서 불안을 느껴서는 안 된다는 생각으로
> 아무 일이 없는 척 살았다. 이러한 자신의 실제 경험과 임상연구를 토대로
> 불안을 디스리는 방법을 연구했다.
> 불안은 미래에 발생할 일에 대한 반응으로서 즉각적인 위험이나 위협이 존
> 재하지 않는 상태에서 경험한다.
>
> 헬렌 오데스키, 2018,『불안에 지지 않는 연습』, 김문주 옮김, 시그마북스, 39~44쪽.

시카고의 불안전문가 헬렌 오데스키(Helen Odessky)는 UNLOCK 시
스템이라는 공황과 불안 극복 프로그램을 통해서 사람들을 공황과
불안으로부터 자유로울 수 있도록 치료하고 있다. 이 프로그램은 6개
의 단계로 구성되어 있으며, 청소년 마음교육 프로그램으로 다음과
같이 활용할 수 있다.

단계	목표	내용	청소년 마음교육 프로그램
1 단계	공황과 불안 이해하기 (Understand)	• 불안과 공황의 증상과 주기 이해하기 • 불안에 대한 이해를 바탕으로 공포가 아닌 지식으로 접근하기 • 이해만으로 상황에 대한 스트레스 줄이기	• 마음에 불안이 찾아오면 '마음 노트'에 기록하기 • 마음에 불안이 얼마나 자주 찾아오는지 분석해 보기 • 불안이 찾아와도 큰 위험이 없다는 것을 이해하기
2 단계	공황과 불안 이 하는 거짓 말 부인하기 (Negate)	• 공황이나 불안이 주는 거짓에 반박하기 • 불안한 사고와 믿음을 인정하고 떨쳐 버리기	• 불안이 나에게 하는 말에 귀 기울이기 • 내가 불안하다는 것을 인정하기

3 단계	공포 활용하기 (Leverage)	• 핵심적인 공포를 확인하기 • 공포를 활성화시킨 순서에 따라 길들임으로써 공포를 정복하기	• 불안의 핵심이 무엇인지 확인하기 • 불안을 피하지 말고 그대로 확인하기
4 단계	개방적인 태도 갖추기 (Openness)	• 삶에 대해 마음을 열기 • 불안으로 인한 경계적인 태도 버리기	• 불안한 상태를 열린 마음으 로 받아들이기
5 단계	자기자비 연습하기 (Compassion)	• 불안으로 인한 자기비하 버리기 • 스스로를 소중히 돌보기	• 불안한 나를 이해하기 • 불안한 나를 사랑하기
6 단계	작은 변화로 더 큰 변화를 유발하기 (Kindle)	• 공황과 불안에 대한 행동 취하기 • 사고방식과 행동을 바꾸기	• 불안에게 주도권을 주지 말고 스스로 결정하기(불안 한가, 아닌가, 언제 사라질까 등 불안에게 묻기보다 자기 가 하고 싶은 것을 하기)

■ 비난을 받았을 때

> "누군가 당신을 비난하고 당신 탓으로 돌리거나 험담을 늘어놓을 때, 즉각적으로 응수하거나 자신을 방어하지 말고, 아무것도 하지 말라. 자신의 이미지가 손상되도록 허용하고, 그것이 당신 내면 깊은 곳에서 어떤 느낌인지 지켜보라."
>
> 에크하르트 톨레, 2008, 『NOW』, 류시화 옮김, 조화로운삶, 253쪽.

누군가로부터 비난을 받았을 때, 우린 쉽게 고통과 불행에 빠져든다. 그러나 이것은 우리가 에고를 자각하고, 에고로부터 벗어날 수 있는 좋은 기회를 제공해 준다. 청소년들이 친구들부터 비난을 받았을 때, 다음과 같은 방식으로 마음교육을 실시할 수 있다.

(1) 친구의 비난에 대한 반응을 멈추기: 친구가 나를 비난했을 때, 그에 대한 반응을 일단 멈추기

(2) 친구의 비난에 대해 성찰하기

- **비난의 내용 작성하기**: 친구가 나에게 어떤 비난을 했는가를 가능한 한 정확하게 기록하기
- **비난에 대한 검토와 수용**: 친구의 비난을 스스로 점검하고 수용하기
  ① 친구가 나에게 한 비난이 사실인지 아닌지를 살펴보기
  ② 친구의 비난 중에서 사실인 부분에 대해 비난을 받아들이기
  ③ 비난을 받아들이고 난 후 소감을 적어 보기

(3) 비난받은 나를 돌봐 주기

　- **각성**: 친구로부터 비난받아 고통받고 있는 나는 가엾은 나임을 자각하기

　- **돌봐 주기**: 가엾은 나를 사랑해 주는 연습

　　① 가엾은 나를 향해 윙크를 보내 주기

　　② 가엾은 나를 따뜻하게 위로해 주기

　　③ 가엾은 나를 꼭 품어 주기

　- **변화를 적어 보기**: 가엾은 나를 돌봐 주기를 하면서, 내 안에서 일어난 변화

를 적어 보기

■ 삶을 행복하게 가꾸고 싶을 때

> 내부가 완전히 정지한 상태가 최상의 명상이다. 명상은 행복한 삶을 위해
> 자기의 참나를 발견하는 것이다. 참나의 발견을 통해 육체와 마음(생각, 감
> 정, 느낌 등)의 속박에서 벗어나 삶을 진실하게 사는 일이다.
>
> 스와미 묵타난다, 2004, 『명상』, 김병채 옮김, 슈리크리슈나다스아쉬람.

○ 방법

① 장소와 시간 선정: 명상을 위한 장소를 마련한다. 가능하면 매일 같은 시간
에 명상한다.

② 자세: 가부좌든 반가부좌든 상관없이, 자신에게 가장 편한 자세로 앉는다.
이때 마음을 안정시키기 위해 척추를 똑바로 세우는 것이 좋다. 앉아 있기 힘
들다면, 송장 자세로 눕는 것도 괜찮다.

③ 호흡: 자연스럽고 자연스럽게 일어나도록 한다.

④ 마음 다루기: 마음이 하고 싶은 대로 하도록 내버려 둔다. 생각, 감정, 느낌
을 억제하려고 하지 않는다. 그냥 내버려 둔다.

⑤ 모든 것은 하나임을 알기: 존재하는 것은 무엇이나 신이라는 사실을 자각
한다. 심지어 가장 나쁜 생각조차도 신이라는 사실을 자각한다.

○ 효과

① '지금-여기'의 일만이 실제로 존재하는 것임을 알고, 그 자체를 목적으로
사는 삶에 익숙해진다.

② 생각이나 감정과의 동일시가 줄어든다.

③ '지금-여기'에 있음을 통해 행복을 느낀다.

■ 상념이 생겨났을 때

"에고로부터 자유로워지는 일은 실제로는 큰 일이 아니라 아주 작은 일이다. 당신이 해야 하는 일은 생각과 감정이 일어날 때, 그것들을 자각하는 일이 전부이다."

에크하르트 톨레, 2008, 『NOW』, 류시화 옮김, 조화로운삶, 141쪽.

자각의 연습은 청소년 마음교육의 중요한 일부이다. 자각의 연습이란 우리 마음속에서 생겨나는 온갖 감정, 생각, 욕망을 자각하는 연습이다. 꾸준한 자각의 연습을 통해 우리는 마음이 일으키는 감정, 생각, 욕망으로부터의 자유를 얻게 된다. 교사는 학생들에게 아래의 지침에 따라 감정, 생각, 욕망에 대한 자각의 연습을 가르치면 된다.

(1) 생각을 자각하는 연습을 해 보기

　-어떤 생각이 내 마음을 사로잡을 때, 내 마음을 사로잡고 있는 생각을 바라보기

　-내 마음을 사로잡고 있던 그 생각을 향해 미소 지어 보기

　-어떤 생각에 사로잡혀 있을 때와 그 생각을 바라보고 미소 지었을 때, 어떤 차이가 생겼는가를 알아보기

(2) 감정을 자각하는 연습을 해 보기

　-어떤 감정이 내 마음을 사로잡을 때, 내 마음을 사로잡고 있는 감정을 바라보기

　-내 마음을 사로잡고 있던 그 감정을 향해 미소 지어 보기

　-어떤 감정에 사로잡혀 있을 때와 그 감정을 바라보고 미소 지었을 때, 어떤 차

이가 생겼는가를 알아보기

(3) 욕망을 자각하는 연습을 해 보기

-어떤 욕망이 내 마음을 사로잡을 때, 내 마음을 사로잡고 있는 욕망을 바라보기

-내 마음을 사로잡고 있던 그 욕망을 향해 미소 지어 보기

-어떤 욕망에 사로잡혀 있을 때와 그 욕망을 바라보고 미소 지었을 때, 어떤

차이가 생겼는가를 알아보기

■ 생각에 휩쓸릴 때

사람, 상황, 마음속 생각들에 대한 우리의 반응은 실제로는 몸에서 일어나고 있는 감각들에 대한 반응들임을 자각한다. 누군가의 무능함을 참지 못하고 비난을 할 때 사실은 우리 자신의 불쾌한 감각들에 반응하고 있는 것임을 알아차린다. 우리가 누군가에게 마음이 끌려 열망과 환상으로 가득 찰 때 사실은 유쾌한 감각에 반응하고 있는 것임을 자각한다. 우리의 자동반응적인 생각, 정서, 행동의 소용돌이는 이와 같이 감각에 대한 자동반응으로부터 나타남을 알아차린다.

타라 브랙, 2017, 『받아들임』, 김선주·김정호 옮김, 불광출판사.

생각하고 말하고 걷고, 쓰고, 계획을 세우고, 걱정하고, 먹는 등 지금 무엇을 하고 있든지 그것을 멈춘다. 반사적 생각과 행동을 멈추고 몸을 고요하게 한 뒤 몸에 일어나는 일에 주의를 집중한다. 자신을 관통해 흘러가지만 습관적으로 간과하는 삶에 자리를 내어주고 주의를 기울인다.

① 생각이 일어난 것을 알아차리면 즉시 즉각적인 감각 경험으로 주의를 돌립니다. 어떤 생각이 일어났나요?

② 어느 순간에든 우리 몸과 마음 안에서 일어나고 있는 것을 통제하거나 판단하거나 회피하지 않고 의식합니다. 무엇을 통제하거나 판단하거나 회피하려고 했나요?

---

③ 스스로 자기라고 해석하는 즉시적이고 정신적이고 감각적인 경험을 있는 그대로 수용합니다. 친숙한 욕구와 두려움, 판단하고 계획하는 사고가 일어나면 그것을 삶의 흐름의 일부로 봅니다. 일어났다 사라지는 생각과 느낌의 물결을 아무런 비판 없이 그대로 받아들입니다. 우리의 가장 깊은 본성은 깨어 있음과 사랑의 끝없는 바다임을 인식합니다. 이때 나의 마음은 어떤 상태인가요?

■ 식사할 때

호흡 명상을 하며 식탁에 앉아 미소 짓고 한 가족임을 느끼는 것도 경이로운 일입니다.

틱낫한, 2003, 『틱낫한의 비움』, 전세영 옮김, 중앙M&B.

일상생활 속에서의 명상은 청소년 마음교육에서 중요한 부문이다. 식사는 누구나 하고 있는 일상생활이다. 틱낫한 스님은 평범한 일상생활 속에 깊이가 생겨나게 하는 능력이 탁월하다. 식사라는 일상생활이 성스러운 활동으로 바뀔 수 있도록 하는 식사 명상에 대해 살펴보도록 하자. 다음과 같은 순서에 따라 교사는 식사 명상의 방법을 가르치고 학생들은 수행한다. 일주일 동안 식사 명상을 하고 난 뒤에, 학생들은 식사 명상 후에 무엇이 어떻게 변화했는가를 발표하고 토론한다.

⑴ 식사 명상

-음식은 우주의 선물:

① 내가 마주하고 있는 이 음식은 하늘과 땅, 우주가 우리들에게 준 선물임을 기억하기

② 내가 마주하고 있는 이 음식은 많은 땀과 노동의 선물임을 기억하기

-음식을 마련해 준 분들께 감사:

① 이 음식이 식탁에 오를 때까지 사랑으로 음식 장만을 해 주신 어머니에게 감사하기

② 이 음식이 식탁에 오를 때까지 사랑으로 학교 급식을 준비해 주신 분들께 감사하기

-마음을 다하는 식사:

① 음식을 먹을 때는 음식에 온 마음을 모으기

② 음식을 천천히 여러 번 씹고 난 뒤에 삼키기

(2) 식사 명상 뒤의 발표와 토론

-식사 명상 일주일 뒤 나의 식사에 어떤 변화가 일어났는가를 발표하기

-서로의 변화를 듣고 나서 토론하기

■ 심각할 때

"에고를 너무 심각하게 받아들일 필요가 없다. 자신 안에서 에고의 행동을 발견할 때 미소 지으라."

에크하르트 톨레, 2008, 『NOW』, 류시화 옮김, 조화로운삶, 54쪽.

미소 짓기 연습은 청소년 마음교육의 중요한 일부이다. 에고의 감정·생각·욕망에 대해 미소 짓는 순간, 우린 감정·생각·욕망에 대한 함몰 상태에서 벗어날 수 있으며, 에고의 감정·생각·욕망에 대해 미소 짓는 나[참나]가 깨어나 활동하게 된다. 다음의 몇 가지 예시를 바탕으로, 선생님은 청소년들에게 미소 짓기 마음교육을 실시할 수 있다.

⑴ 화가 났을 때의 미소 짓기 마음교육

-화가 났을 때, 두 가지 파괴적인 대응의 중지:

① 화가 났을 때, 우리는 흔히 화에 사로잡혀 화를 폭발시킴

② 화가 났을 때, 우리는 흔히 화를 참으면서 없애려고 애씀

-화가 났을 때, 두 단계의 창조적인 대응 방법:

① 화가 났을 때, 내 마음의 하늘에 화라는 구름이 생겨났음을 알아차림

② 화가 났을 때, 내 마음에 생겨난 화를 향해 방긋 미소 지어 줌

⑵ 게임을 하고 싶다는 욕망이 일어날 때의 미소 짓기 마음교육

-게임을 하고 싶다는 욕망이 일어날 때, 두 가지 파괴적인 대응의 중지:

① 게임을 하고 싶다는 욕망이 치밀 때, 욕망의 노예가 되어 게임기 앞에 앉아 있음

② 게임을 하고 싶다는 욕망이 치밀 때, 게임을 욕망하는 의지력 약한 자신을 비난하며 욕망을 억압함

-게임을 하고 싶다는 욕망이 일어날 때, 두 단계의 창조적인 대응 방법:

① 게임을 하고 싶다는 욕망이 치밀 때, 내 마음의 하늘에 게임에 대한 욕망이란 구름이 생겨났음을 알아차림

② 게임을 하고 싶다는 욕망이 치밀 때, 게임에 대한 욕망을 향해 방긋 미소 지어 줌

(3) 치사스러운 생각이 떠오를 때의 미소 짓기 마음교육

-치사스러운 생각이 떠오를 때, 두 가지 파괴적인 대응의 중지:

① 치사스러운 생각이 떠오를 때, 치사스러운 생각에 사로잡혀 치사스러운 행동을 함

② 치사스러운 생각이 떠오를 때, 치사스러운 생각을 떠올린 자신을 비난함

-치사스러운 생각이 떠오를 때, 두 단계의 창조적인 대응 방법:

① 치사스러운 생각이 떠오를 때, 내 마음의 하늘에 치사스러운 생각이란 구름이 생겨났음을 알아차림

② 치사스러운 생각이 떠오를 때, 내 마음에 생겨난 치사스러운 생각을 향해 방긋 미소 지어 줌

■ 예절의 의미가 궁금할 때

> 옛날 소학교에서 사람을 가르치되, 물 뿌리고 쓸며 응하고 대답하며 나아가고 물러나는 예절과 어버이를 사랑하고 어른을 공경하며 스승을 높이고 벗을 친히 하는 방도로써 하였으니, 이는 모두 몸을 닦고 집안을 가지런히 하고 나라를 다스리고 천하를 평안히 하는 근본이 되는 것이다(『소학』, 「소학서제」).
>
> 『小學』.

『소학』에서는 윗사람에 대한 위계적이고 복종의 예절이 아니라, 자신을 포함한 모든 존재에 대한 존중과 사랑을 실현하는 방법으로 예절에 대해 말하고 있다. 이 지혜를 바탕으로 청소년이 스스로 예절에 대한 의미를 찾고, 일상생활에서 예절을 실천할 수 있도록 다음과 같은 프로그램이 가능하다.

① 지난 며칠 동안 자신이 지킨 예절을 일지로 작성하기

- ⊙ _____

- ⊙ _____

- ⊙ _____

② 내가 지킨 예절을 관찰하고 나의 변화(느낌)를 기록하기

⊙ _____

⊙ _____

⊙ _____

③ 예절을 지키면서 느낀 점은 무엇인가요?

⊙ 나는 _____ 사람이라는 생각이 들었다.

⊙ 다른 사람에게 예절을 지킬 때, 나는 다른 사람을 _____
한다는 생각이 들었다.

④ 이 활동을 하면서 느낀 점은 무엇인가요?

⊙ 가장 기억에 남는 점: _____

⊙ 나의 생활에 적용할 수 있는 점: _____

■ 음식을 먹을 때

밖에 나가서 정원을 천천히 걸어 보세요. 한 송이 꽃과, 다음에는 한 그루 나무, 다음에는 다른 꽃과 현존하세요. 한 번에 하나씩과 현존하되, 당신과 함께 현존하는 정원 전체를 느껴 보세요. 중요한 것은 당신이 진실하고 정직해야 한다는 것입니다. 당신은 나무들, 꽃들과 현존이라는 선물을 나누고 있으며, 그들은 당신과 현존이라는 선물을 나누고 있습니다. 이것은 신성한 경험입니다. 원한다면, 나무나 꽃들에게 그들이 얼마나 아름다운지 말해 줄 수 있습니다. 당신이 얼마나 그들을 사랑하며 감사해하는지 말할 수 있습니다. 혹은 그저 말없이 침묵할 수도 있습니다. 정원을 걸으며 깊이 집중하세요. 모든 것을 하나하나 찬찬히 바라보되 어떤 생각도 없이 그렇게 해 보세요. 정원에 있는 동안 진실로 현존한다면 당신은 모든 꽃과 모든 나무에서 살아 있는 현존과 만나기 시작할 것입니다.

레너드 제이콥슨, 2010, 『현존』, 김상환·김윤 옮김, 침묵의 향기.

생각들이 일어나면 생각들이 일어나고 있다는 사실을 그저 인정하세요. 생각들이 일어나도록 허용하되 그 생각들에 관여하지는 마세요. 생각들을 의식하면 생각들은 멈출 것입니다. 생각들은 의식되지 않는 환경에서 무성히 번성합니다. 의식되는 환경에서는 사라져 없어집니다.

① 눈을 감고서 숨 쉬는 몸을 의식하세요. 들려오는 소리들을 듣고 음식의 냄새를 맡아 보세요. 이제 자신이 현존하고 있다고 느껴지면, 눈을 뜨고서 앞에 놓인 그릇, 컵, 수저, 그리고 식탁에 놓여 있는 다른 물건들을 바라보세요. 다른 사람과 함께 식사하며 음식을 나눌 때는 음식과 물을 아주 천천히 사랑을 담아 서로에게 건네세요. 어떤 느낌이 드나요?

② 시간이 없는 영원한 느낌, 신비의 느낌이 드나요?

③ 깊은 감사를 느끼며 첫술을 뜨세요. 숟가락을 아주 천천히 그릇으로 가져가서 뜨고, 아주 천천히 입으로 가져가세요. 마치 아무 음식도 맛본 적이 없는 것처럼 그 음식을 맛보세요. 그 풍부한 맛을 하나하나 음미해 보세요. 천천히 의식하며 음식을 씹어 보세요. 음식을 씹을 때 완전히 현존하세요. 맛을 보고 냄새를 맡을 때 완전히 현존하세요. 마음의 상태가 어떤가요?

■ 자유와 해방을 만끽하고 싶을 때

영원한 자유와 해방을 위한 지침

아디야샨티, 2015, 『완전한 깨달음』, 심성일 옮김, 침묵의 향기, 21~196쪽 참고.

① 자유로워지고자 하는 마음을 자신의 결핍이라고 해석하지 않고 충동으로 여기며 그것에 머무르기

② 지금 당장 자유로울 수 있다는 믿음 갖기

③ 자기 자신과 싸우지 않고, 오로지 자기가 진정 누구인지 질문하기

  - 에고는 긍정적이지도 부정적이지도 않습니다. 그런 말들은 더 많은 한계를 만들어 내는 개념일 뿐입니다. 에고는 그저 에고일 뿐입니다(32).

④ 자유롭고 싶은 충동을 있는 그대로 받아들이기

⑤ 근원적인 의식으로 머무르기

  - 참된 명상은 근원적인 의식으로 머무는 것입니다. 참된 명상은 알아차림이 지각의 대상들에 집착하지 않을 때 자연스럽게 의식 속에 나타납니다.

⑥ 나는 누구인가? 질문하기

  - 질문: 명상의 목적은 무엇입니까?

  - 대답: 명상의 목적은 명상하는 자를 발견하는 것입니다. 명상하는 자를 찾으려 해 보면, 그나 그녀, 또는 그것을 발견하지 못할 것입니다. 당신은 오직 고요한 텅 빔(空)만을 발견할 것입니다(54).

⑦ 모든 노력과 추구 멈추기

⑧ 모든 것이 당신의 전체 몸임을 지각하기

⑨ 모든 존재가 하나임을 알고 사랑하기

- 사랑의 관점은 누구도 배제하지 않습니다. 사랑은 사랑하지 않는 사람들까지 사랑합니다. 사랑하지 않는 사람들이 변할 유일한 기회는 그 사랑과 접촉하는 것입니다(135).

⑩ 깨달음 자체에 관한 온갖 생각과 믿음들에 의문을 제기하는 용기 내기
- 어떤 믿음도, 어떤 개념도 진실이 아닙니다. 그것들을 모두 내던져 버리고 침묵의 불길이 당신을 불살라 깨어 있게 하십시오(196).

■ 집중이 안 될 때

여기, 나 자신의 상황이나 성향에 맞도록 적당히 손질한 여러 가지 명상 수련법을 소개합니다. 그대가 가장 좋아하는 방법을 선택하십시오.

틱낫한, 2002, 『거기서 그것과 하나 되시게』, 이현주 옮김, 나무심는사람.

틱낫한 스님은 이 책에서 청소년 마음교육에 바로 활용할 수 있는 다양한 명상법을 소개하고 있다. 멈춤 명상, 나무 껴안기 명상, 조약돌 명상, 오렌지 명상 등이 그 예이다.

(1) 멈춤 명상

   - 교실에 종을 하나 설치하기

   - 누구든 교실에 종을 치면, 모두 하던 일과 동작을 잠시 멈춤

   - 지금 내가 무엇을 하고 있었는가를 돌아봄

(2) 나무 끌어안기 명상

   - 교사는 학생들을 숲으로 데려감

   - 각자 5분 동안 나무를 끌어안고, 냄새를 맡고, 뺨을 문지르고, 절을 함

   - 빙 둘러앉아서 각자가 느낀 점을 발표하기

(3) 조약돌 명상

   - 교사는 천천히 아래 글을 읽어 줌

조용히 앉아 숨을 천천히 쉬면서, 자신이 깨끗한 강물 바닥으로 가라앉는 조약돌이라고 생각한다. 강바닥 부드러운 모래 위로 조용히 가라앉는다. 몸과 마음이 완벽한 휴식으로 들어갈 때까지 모래 위에 얹혀 있는 조약돌을 명상한다. 우주가 지금 이 순간 안에 존재한다.

- 학생들은 이 글을 듣고 나서 3분 동안 조약돌 명상을 수행함

- 느낀 점을 각자 기록하고, 발표하기

⑷ 오렌지 명상

- 교사는 교탁 위에 오렌지를 올려놓음

- 학생들은 5분 동안 오렌지를 깊이 바라봄

- 각자 오렌지에서 무엇을 보았는가를 기록하고, 발표하기

■ 친구가 나를 무시한다고 생각할 때

스트레스를 주는 생각을 놓아 버릴 수는 없습니다. 애초에 생각을 창조한 것은 당신이 아니기 때문입니다. 생각은 그저 나타납니다. 당신이 그렇게 하는 것이 아닙니다. 통제할 수 없는 것을 놓아 버릴 수는 없습니다. 그 생각에 질문을 하면 당신이 생각을 놓아주는 것이 아니라 생각이 당신을 놓아 줍니다(269). 생각들을 지켜보기만 하고 조사하지 않으면 생각들은 스트레스를 일으키는 힘을 잃지 않습니다(268).

바이런 케이티, 2014, 『기쁨의 천 가지 이름』, 김윤 옮김, 침묵의 향기.

우리는 오직 자신이 무엇이라고 믿는 것만을 두려워할 수 있습니다. … 모든 두려움은 이와 같습니다. 자기의 생각을 믿기 때문에 두려움이 일어납니다. 그 이상도 이하도 아닙니다. 그것은 언제나 미래의 이야기입니다. 마침내 자기 바깥의 모든 것이 자기 생각의 반영임을 알게 됩니다. 당신은 이야기꾼이자 모든 이야기를 바깥으로 투사하는 사람이며, 세상은 당신의 이야기들이 투사된 이미지입니다. 우리가 '작업'을 통해 배우는 것은 투사된 대상이 아니라 투사하는 영사기(마음)를 바꾸는 방법입니다. 생각이 일어나면 다음과 같은 4단계에 걸친 작업을 수행해 보십시오.

① 그게 진실인가요? 내 친구가 나를 무시했다는 것이 진실일까요?

② 당신은 그게 진실인지 확실히 알 수 있나요? 정말로 나는 그것이 사실이라고 믿고 있나요? 그 믿음은 어디서 오는 것인가요?

③ 그 생각을 믿을 때 당신은 어떻게 반응하나요? 눈을 감고 당신이 그 생각을 믿을 때 그 친구를 어떻게 대할 것인지 지켜봅니다.

④ 그 생각이 없다면 당신은 누구일까요? 그 친구가 나를 무시한다는 생각이 없을 때 나는 누구인지 곰곰이 생각해 봅니다.

■ 친구관계가 힘들 때

공자가 말했다. "악한 사람과 함께 지내면 마치 향기로운 난초가 있는 방에 있는 듯하여 오래도록 그 향을 맡지 못하더라도 곧 그것과 더불어 동화될 것이요. 착하지 못한 사람과 함께 지내면 마치 생선 가게에 들어간 것과 같아서 오래도록 그 냄새를 맡지 못하더라도 또한 그것과 더불어 동화될 것이다. 붉은 것을 지니고 있으면 붉어지고 (검은) 옷을 지니고 있으면 검어진다. 이 때문에 군자는 반드시 그가 있는 곳을 삼가서 택한다(『明心寶鑑』, 「交友篇」)."

『明心寶鑑』.

『명심보감(明心寶鑑)』은 소통과 공감을 위한 인간관계의 지혜를 담은 동양 고전이다. 여기서 청소년이 직면하고 있는 친구관계의 현실을 진단하고 성찰할 수 있는 지혜를 발견할 수 있다.

(1) 나의 친구관계에 대한 성찰일지 작성하기

- 방법: 매주 하루를 정하고 그날 친구와 나눈 이야기, 친구에게 한 행동에 대한 성찰일지를 작성하기
- 내용: 작성한 내용에 대해서 스스로 점검하기
  ① 친구에게 내가 한 말을 살펴보기
  ② 친구가 나에게 한 말을 확인하기
  ③ 친구관계에 대해서 다음 내용을 스스로 성찰해 보기
  (의견을 일방적으로 주장하지 않았는지, 바른 말을 사용했는지, 나는 친구의 말을 유심히 듣는지, 상대의 의견을 존중하는지)

⑵ 나의 행동이 바른지에 관심을 가지고 있는지 살펴보기

- 방법: 성찰일지 작성하기 또는 마음일기 쓰기
- 내용: 작성한 내용을 읽어 보고 느낀 점을 정리해 보기
  ① 친구관계에서 어떤 행동을 할 때, 내 행동의 기준이 무엇인지 생각해 보기
  (기분에 따라 행동하는지 살펴보기)
  ② 나의 바른 행동이 친구에게 미치는 영향을 생각해 보기

⑶ 선한 사람이 만드는 공동체에 대한 마인드맵 작성하기

- 방법: 선한 사람으로만 구성된 공동체에 대한 마인드맵을 작성하고 발표하기
- 내용: 선한 행동이나 마음의 의미를 찾기
  ① 선한 사람의 공동체 모습을 마인드맵으로 작성하기
  ② 선한 사람의 공동체의 특징을 살펴보기
  ③ 내가 속한 공동체에서 나는 선한 사람인지 생각해 보기

■ 통증이 느껴질 때

실제로는 어떤 느낌이나 감정과 반대인 것은 없습니다. 모든 느낌과 감정은 그 자체로 하나의 완전한 경험입니다. 삶은 늘 움직이고 생각은 삶을 따라 잡으려 늘 애를 씁니다. 삶은 언제나 생각 이전에 옵니다. 어떤 면에서 모든 생각은 뒤늦은 생각입니다. … 마음속으로 결론을 짓는 순간 어떤 면에서는 실제로 있는 것을 보고 느끼기를, 제대로 느끼기를 멈춘 것입니다. 지금 실제 일어나는 일로 돌아오고 지금 다시 한 번 잘 바라보세요.

제프 포스터, 2019, 『가장 깊은 받아들임』, 김윤 옮김, 침묵의 향기.

"지금 경험하는 것은 틀림없는 통증이야"라는 결론은 놓아 버리고 지금 여기에 실제로 있는 것이 무엇인지 다시 한 번 확인해 보세요. 통증이라고 하는 감각은 실제로는 무엇인 것 같은가요? 그 감각들을 느껴 보세요, 정말로 깊이 느껴 보세요. 그 감각들에 애정 어린 관심을 직접 기울여 보세요. 그 감각들이 어떤 식으로든 바뀌기를 기대하지 않으면서 그 감각들을 사라지게 하려 애쓰지 않으면서 아무것도 바라지 않으면서 지금 여기에 있는 것을 만나 보세요.

① 통증이라고 하는 감각은 실제로는 무엇인 것 같은가요? 자세히 그 느낌을 표현해 보세요.

② 그 감각들을 느껴 보세요, 정말로 깊이 느껴 보세요. 그 감각들에 애정 어린 관심을 직접 기울여 보세요. 어떤 변화가 느껴지나요?

③ 그 감각들이 어떤 식으로든 바뀌기를 기대하지 않으면서 그 감각들을 사라지게 하려 애쓰지 않으면서 지금 여기에 있는 것을 만나 보세요. 지금 여기에 무엇이 있나요?

■ 피하고 싶은 감정이 생겨날 때

지금까지 두려워하고 피하려고만 했던 것에 마음을 열면 불편하고 심지어는 고통스러운 일까지도 감수하고 인내하는 능력이 생겨납니다. 결과적으로, 우리가 피하고자 했던 바로 그것을 받아들임으로써 진정한 평화를 얻게 됩니다.

강가지, 2007, 『내 주머니 속의 다이아몬드』, 류가미 옮김, 인텔리전스, 32쪽.

① 자신이 걱정하는 지난 일(과거의 일)은 무엇입니까?

- ⊙ _____
- ⊙ _____
- ⊙ _____

② 자신이 걱정하는 다가올 일(미래의 일)은 무엇입니까?

- ⊙ _____
- ⊙ _____
- ⊙ _____

③ 현재 이 순간, '지금-여기'에 그 일들이 실제로 있습니까?

④ 과거와 미래의 일로 고민하는 자기는 누구입니까?

■ 행복을 발견하고 싶을 때

> 많은 사람들은 자신의 행복이 오직 미래에만 있다고 생각한다.
>
> 프랑수아 를로르, 2004, 『꾸뻬 씨의 행복 여행』, 오유란 옮김, 오래된미래, 38쪽.

　스스로 행복하다고 느끼지 못하는 정신과의사 꾸뻬는 행복이 무엇인지를 찾기 위해서 여행을 떠난다. 그가 행복 여행에서 발견한 지혜를 활용하여 청소년 마음교육 프로그램을 개발하면 다음과 같다.

① 오늘 하루 중 감사한 일을 작성해 보십시오.

⊙ _____

⊙ _____

⊙ _____

② 감사 일기 작성하면서 무엇을 느꼈나요?

③ 감사 일기를 작성하는 과정에서 느낀 지금 이 순간의 행복을 다른 친구들에게 소개할 수 있도록 정리해 보십시오.

⊙ _____

⊙ _____

⊙ _____

④ 이 활동을 통해서 느낀 점은 무엇인가요?

⊙ 가장 기억에 남는 점: _____

⊙ 나의 생활에 적용할 수 있는 점: _____

■ 화가 나거나 억울하거나 갈등이 생겼을 때

지금 세상에는 학문을 가르치지 않아 남녀가 어릴 때부터 곧 교만함과 나태함으로 파괴되어, 장성함에 이르면 더욱 포악하고 사나워지니, 이는 다만 일찍이 자제의 일을 하지 않았기 때문이다. 그리하여 그 부모에게 이미 남과 내가 있어 자신을 굽혀 낮추기를 즐거워하지 아니하여 병근이 항상 있고, 또 거처하는 바에 따라 자라니 죽음에 이르도록 옛 것을 찾는다(『소학』, 「가언」).

『小學』.

『소학』 외편은 「가언」과 「선행」으로 구성되어 있는데, 옛사람들의 좋은 말과 행실을 소개하여 이를 본받도록 하였다. 「가언」의 첫 구절은 배움을 통해 얻어야 할 것이 무엇인지를 잘 보여 주는 것으로, 스스로 자신을 낮추는 법과 성실하게 자신의 일을 하는 법을 배우는 것이 진정한 배움이라 하였다.

화가 나거나 억울하거나 또는 다른 사람과 갈등이 발생했을 때, 그 원인이 외부에 있는 것이 아니라 자신의 나태함과 교만함 때문이라는 것을 깨닫게 하는 다음과 같은 프로그램을 운영할 수 있다.

① 아침에 일어나서 주변을 정리하고 자신의 느낌을 기록하기

- ⊙ _____
- ⊙ _____
- ⊙ _____

② 가족과 친구에게 장점을 말하고 자신과 주변의 변화를 관찰하여 기록하기

- ⊙ _____
- ⊙ _____
- ⊙ _____

③ 학교에서 지켜야 할 작은 규칙을 정하고 실천해 보기

- ⊙ _____
- ⊙ _____
- ⊙ _____

④ 화, 억울함, 갈등의 원인을 다시 한 번 더 생각해 보기

참고 문헌

『노자(老子)』.

『논어(論語)』.

『대학(大學)』.

『맹자집주(孟子集註)』.

『명심보감(明心寶鑑)』.

『목민심서(牧民心書)』.

『소학(小學)』.

『장자(孟子)』.

『중용(中庸)』.

감산. 1990.『감산의 莊子 풀이』. 오진탁 옮김. 서광사.

高橋文博. 2016.「傳統的道德教育思想の再形成-心の教育をめぐって」. 就実大學大
    學院 研究科紀要 第1号.

강가지. 2007.『내 주머니 속의 다이아몬드』. 류가미 옮김. 인텔리전스,

고유식. 2013.「상담 안에서의 관계적 관점에서 바라본 대화의 중요성-Joachim
    Scharfenberg의 영혼의 돌봄 이론과 Sigmund Freud의 정신분석 이론을 중심
    으로」.『기독교언어문화논집』제16집.

교육부고시 2015-74호/ 80호.

김기태. 2007.『지금 이대로 완전하다』. 침묵의 향기.

김나함. 2007.「기독교 상담의 인간이해」.『한국기독교 상담학회지』제14호.

김나함. 2012. Schöpferisches Leiden: Die theologische Beurteilung des
    Leidens in der Seelsorge von Erich Schick. Ruprecht-Karls-Universität Hei-
    delberg.

김춘경 외. 2016. 『상담학사전』. 학지사.

남유선. 2013. 「독일의 마음치유 프로그램-'Seelsorge'를 중심으로」. 원광대학교 원불교사상연구원. 『원불교사상과 종교문화』 55집.

다니엘 밀로. 2017. 『미래중독자』. 양영란 옮김. 청림출판.

디팩 초프라. 2008. 『완전한 삶』. 구승준 옮김. 한문화.

라마나 마하리쉬. 2011. 『나는 누구인가』. 이호준 옮김. 청하.

레너드 제이콥슨. 2010. 『현존』. 김상환·김윤 옮김. 침묵의 향기.

로버트 페페렐. 2017. 『포스트휴먼의 조건』. 이선주 옮김. 아카넷.

로지 브라이도티. 2016. 『포스트휴먼』. 이경란 옮김. 아카넷.

마리아 폰 프란츠. 1983. 『人間과 無意識의 象徵』. 이부영 외 옮김. 집문당.

머리 스타인. 2015. 『융의 영혼의 지도』. 김창한 옮김. 문예출판사.

바이런 케이티. 2014. 『기쁨의 천 가지 이름』. 김윤 옮김. 침묵의 향기.

변순용 외. 2013. 『도덕1』. 천재교육.

변순용 외. 2013. 『도덕2』. 천재교육.

변순용 외. 2018. 『도덕1』. 천재교과서.

변순용 외. 2018. 『도덕2』. 천재교과서.

사이토 가즈노리(齋藤和紀). 2018. 『AI가 인간을 초월하면 어떻게 될까?: 2045년, 기술이 무한대로 진화하는 특이점이 온다』. 이정환 옮김. 마일스톤.

스티븐 미슨. 2001. 『마음의 역사』. 윤소영 옮김. 영림카디널.

샹커 베단텀. 2010. 『히든 브레인』. 임종기 옮김. 초록물고기.

성백효 역주. 1996. 『論語集註』. 전통문화연구회.

스와미 묵타난다. 2004. 『명상』. 김병채 옮김. 슈리크리슈나다스아쉬람.

신명숙. 2003. 「청년을 위한 기독교 상담-Die Seelsorge fur Studenten」. 『기독교상담학회지』 제6집.

아니타 무르자니. 2017. 『나로 살아가는 기쁨』. 추미란 옮김. 샨티.

아디야샨티. 2015. 『완전한 깨달음』. 심성일 옮김. 침묵의 향기,

앤소니 드 멜로. 2012. 『행복하기란 얼마나 쉬운가』. 이현주 옮김. 샨티.

얀 케르쇼트. 2006.『있는 그대로 받아들여라』. 김기협 옮김. 꿈꾸는아침.

에크하르트 톨레. 2008a.『지금 이 순간을 살아라』. 노혜숙·유영일 옮김. 양문.

에크하르트 톨레. 2008b.『Now』. 류시화 옮김. 조화로운삶.

오성춘. 1992.『목회상담학』. 한국장로교출판사.

왕양명. 2004.『전습록(傳習錄)』. 정인재·한정길 역주. 청계.

욘게이 밍규르 린포체. 2009.『티베트의 즐거운 지혜』. 류시화·김소향 옮김. 문학의숲.

유발 하라리. 2015.『사피엔스』. 조현욱 옮김. 김영사.

유발 하라리. 2017.『호모데우스: 미래의 역사』. 김명주 옮김. 김영사.

유발 하라리. 2018.『21세기를 위한 21가지 제언』. 전병근 옮김. 김영사.

이승연. 2009.「주자 죽음관에 관한 소고」.『동양사회사상』20: 155-184.

이승연. 2014.「한국 청소년의 도덕교육과 마음교육」.『한국학논집』제54집: 221-246.

이승연. 2017.「인공지능 시대, 학교는 무엇을 가르쳐야 하는가?」. 홍승표 외.『동양
　사상에게 인공지능 시대를 묻다』. 살림터.

이종관. 2017.『포스트휴먼이 온다』. 사월의책.

이즈미야 간지. 2016.『뿔을 가지고 살 권리』. 박재현 옮김. 레드스톤.

이현지. 2017.「노자사상의 탈현대적 함의」.『사회사상과 문화』20(2): 1-30.

이혜영 외. 2018.『트랜스휴머니즘과 포스트휴머니즘』. 한국학술정보.

장자. 2017.『莊子』. 안동림 역주. 현암사.

齋藤和紀. 2017.『AI가 인간을 초월하면 어떻게 될까?』. 이정환 옮김. 마일스톤.

정선화. 2011.「장자의 심재(心齋)와 상담자의 마음가짐」. 단국대학교 교육학과 박
　사학위논문.

정재걸·홍승표·이승연·이현지·백진호. 2014.『동양사상과 마음교육』. 살림터.

정재걸·홍승표·이승연·이현지·백진호. 2015.『공자혁명』. 글항아리.

정재걸·홍승표·이승연·이현지·백진호. 2017.『노자와 탈현대』. 문사철.

정재걸·홍승표·이현지·백진호. 2014.『주역과 탈현대 1』. 문사철.

정재걸·홍승표·이현지·백진호. 2014.『주역과 탈현대 2』. 문사철.

제러미 리프킨. 1996.『노동의 종말』. 이영호 옮김. 민음사.

제프 포스터. 2019.『가장 깊은 받아들임』. 김윤 옮김. 침묵의 향기.

최명희. 2019.『무아의 심리학』. 자유문고.

최석만. 2007.「회고와 전망」.『동양사회사상』16: 5-13.

최석만·이태훈. 2006.「보편적 세계인식 원리로서의 가(家)」.『동양사회사상』13: 5-52.

캐롤라인 미스. 2003.『영혼의 해부』. 정현숙 옮김. 한문화.

클라우스 슈밥. 2016.『클라우스 슈밥의 제4차 산업혁명』. 송경진 옮김. 메가스터디 북스.

타라 브랙. 2012.『받아들임』. 김선주·김정호 옮김. 불광출판사.

틱낫한. 2002.『거기서 그것과 하나 되시게』. 이현주 옮김. 나무심는사람.

틱낫한. 2003.『틱낫한의 비움』. 전세영 옮김. 중앙M&B.

표도르 도스토옙스키. 2018.『카라마조프가의 형제들』. 김희숙 옮김. 문학동네.

프랑수아 를로르. 2004.『꾸뻬 씨의 행복 여행』. 오유란 옮김. 오래된미래.

플라톤. 2005.『국가 정체』. 박종현 옮김. 서광사.

한겨레 수행, 치유 전문 웹. 2017. 휴심정.「공동체 마을을 찾아서」.

헬렌 오데스키. 2018.『불안에 지지 않는 연습』. 김문주 옮김. 시그마북스.

홍승표. 2008.「동양사상과 탈현대 대안사회의 구상」.『동양사회사상』17: 59~84.

홍승표. 2011a.『동양 사상과 탈현대적 삶』. 계명대학교출판부.

홍승표. 2011b.「동양사상과 새로운 소외론」.『동양사회사상』23: 221- 248.

홍승표. 2011c.「동양사상과 존재혁명」.『철학논총』63(1): 145-162.

홍승표. 2016.「동양사상, 탈현대 세계관, 탈현대 사회」.『사회사상과 문화』19(1): 1-26.

홍승표. 2016.「효(孝)와 자(慈), 탈현대 세대윤리, 그리고 노인복지」.『사회사상과 문화』19(3): 1-26.

홍승표·정재걸·이승연·백진호·이현지. 2017.『동양사상에게 인공지능 시대를 묻다』. 살림터.

사이언스타임즈. 2017년 11월 14일. 「협력하는 '괴짜'가 필요해-글로벌 교육 전문가들이 본 미래 인재상」. 한국과학창의재단.

사이언스타임즈. 2018년 11월 27일. 「"AI 기반 미래교육이 창의성 높여" 4차 산업혁명과 창의인성교육」. 한국과학창의재단.

사이언스타임즈. 2018년 11월 29일. 「"4차 산업혁명 시대, 영재교육 달라져야" 창의성은 기본, 소통 능력 필요」. 한국과학창의재단.

사이언스타임즈. 2019년 1월 17일. 「"평가보다는 자아성찰 기회를 줘라" 美 메이커스페이스를 통한 인재 교육 방법」. 한국과학창의재단.

사이언스타임즈. 2019년 6월 20일. 「로봇, 2030년까지 일자리 2천만 개 대체 옥스퍼드 이코노믹스 연구 결과… 저숙련 노동자들이 더 취약」. 한국과학창의재단.

한국경제신문. 2019년 8월 20일. 「여현덕 조지메이슨대 교수 "AI 인재 키우려면 컴퓨터 공학보다 인문학 교육이 먼저"」.

제4차 산업혁명 시대의 청소년교육,
마음교육에서 답을 찾다

초판 1쇄 인쇄 2021년 2월 22일
초판 1쇄 발행 2021년 2월 26일

지은이 이승연·정재걸·홍승표·백진호·이현지
펴낸이 김승희
펴낸곳 도서출판 살림터

기획 정광일
편집 조현주
디자인 김경수

인쇄·제본 (주)신화프린팅
종이 (주)명동지류

주소 서울시 양천구 목동동로 293, 22층 2215-1호
전화 02-3141-6553
팩스 02-3141-6555

출판등록 2008년 3월 18일 제313-1990-12호
이메일 gwang80@hanmail.net
블로그 http://blog.naver.com/dkffk1020

ISBN 979-11-5930-182-7 (93370)

* 책값은 뒤표지에 있습니다.
* 잘못된 책은 바꾸어 드립니다.
* 이 책은 저작권법에 따라 보호를 받는 저작물이므로 무단 전재와 복제를 금합니다.